El SISTEMA DE LA LLAVE MAESTRA

CHARLES F. HAANEL

Traducción de
Marcela Allen Herrera

WISDOM COLLECTION

Copyright © 2018
MARCELA ALLEN HERRERA
EL SISTEMA DE LA LLAVE MAESTRA.

Todos los derechos reservados. No se permite la reproducción total o parcial de esta obra, ni su incorporación a un sistema informático, ni su transmisión en cualquier forma o por cualquier medio (electrónico, mecánico, fotocopia, grabación u otros) sin autorización previa y por escrito de los titulares del copyright. La infracción de dichos derechos puede constituir un delito contra la propiedad intelectual.

WISDOM COLLECTION LLC
McKinney. Texas 75070

www.wisdomcollection.com

Primera Edición 2018
Edición Revisada 2023

Paperback 978-1-63934-073-6

Hardcover 978-1-63934-074-3

Este libro es una llave maestra que puede desbloquear las cámaras secretas del éxito. Puede abrir ampliamente las puertas que aparentemente excluyen a las personas del tesoro de la naturaleza, y extiende una invitación a quienes sean lo bastante sabios para comprender y lo suficientemente receptivos para evaluar las pruebas. Deben ser lo suficientemente decididos para confiar en su propio juicio y lo suficientemente fuertes para hacer los sacrificios necesarios.

Chicago, ILL.
Abril 21, 1919

Mi Estimado Sr. Haanel:

Es probable que esté al tanto, a través de la editorial, de mi historia que mencioné en la edición de enero de "Golden Rule", la cual mi secretario le envió. En aquel relato, describí cómo empecé a trabajar hace veintidós años como minero de carbón, ganando un modesto salario de un dólar por día.

Ahora, me complace compartir que he sido contratado por una corporación de millones de dólares, con un salario anual de 105.200 dólares, y esto es solo por una parte de mi tiempo. Además, he llegado a un acuerdo para continuar mi labor como editor de Hill's Golden Rule.

Soy un firme creyente en la importancia de otorgar crédito donde es debido. Por lo tanto, quiero destacar que mi éxito actual y el éxito que ha seguido a mi labor como presidente del Instituto Napoleón Hill se deben en gran parte a los principios fundamentales establecidos en el Sistema de la Llave Maestra.

Usted está realizando una labor excepcional al ayudar a las personas a comprender que nada de lo que un ser humano pueda concebir en su imaginación es imposible de lograr. Mi propia experiencia es un claro testimonio de esta verdad.

Estoy comprometido a colaborar con usted para asegurar que su curso llegue a las manos de aquellos que más necesitan su mensaje.

Cordialmente y sinceramente,
NAPOLEON HILL.

NOTA SOBRE ESTA EDICIÓN

En las páginas que estás por descubrir, Charles F. Haanel revela el poder latente del pensamiento y cómo, a través de él, podemos moldear nuestro propio destino. Publicado originalmente en 1912 como un curso de correspondencia de veinticuatro semanas, el "Sistema de la Llave Maestra" se destaca como un pilar fundamental en la filosofía del Nuevo Pensamiento.

Esta obra no es solo un libro, es una guía, una herramienta de autodescubrimiento. Con conceptos como la Ley de Atracción, la Visualización Creativa y la inquebrantable conexión entre el individuo y lo Divino, el autor traza un mapa para navegar la vida con propósito y alegría.

Con el fin de preservar la autenticidad de este invaluable legado, he realizado una minuciosa traducción al español, empleando un lenguaje contemporáneo, pero manteniendo intacta la esencia de las veinticuatro lecciones originales. Dentro de estas páginas, no solo descubrirás profunda sabiduría, sino también herramientas prácticas: ejercicios, preguntas y respuestas que iluminarán tu camino.

Te invito a tomar este libro no simplemente como una lectura, sino como un viaje de transformación. Dedica tiempo a cada lección, revísala, reflexiona sobre su contenido. Este compromiso no solo te proporcionará un entendimiento más profundo, sino que también te dotará del conocimiento necesario para materializar tus sueños y vivir una vida de auténtica plenitud.

La aplicación de las enseñanzas y técnicas presentadas en este libro te permitirá comprender plenamente el Poder Creativo del

Pensamiento y experimentar sus asombrosos efectos. De esta forma, estarás en condiciones de crear conscientemente una vida llena de amor y plenitud, así como de alcanzar tus sueños más preciados.

Tu compañera de viaje,

Marcela Allen Herrera.

CONTENIDOS

NOTA SOBRE ESTA EDICIÓN i
PRÓLOGO vii
PREFACIO ix

LECCIÓN 1
    INTRODUCCIÓN 1
    EL MUNDO INTERNO 3
    PREGUNTAS Y RESPUESTAS 12

LECCIÓN 2
    INTRODUCCIÓN 15
    ACTIVIDAD MENTAL: CONSCIENTE Y SUBCONSCIENTE 17
    PREGUNTAS Y RESPUESTAS 25

LECCIÓN 3
    INTRODUCCIÓN 27
    RECONOCIENDO TUS RECURSOS MENTALES 29
    PREGUNTAS Y RESPUESTAS 37

LECCIÓN 4
    INTRODUCCIÓN 39
    PENSAMIENTO Y PODER 41
    PREGUNTAS Y RESPUESTAS 49

LECCIÓN 5
    INTRODUCCIÓN 51
    LA MENTE CREATIVA 52
    PREGUNTAS Y RESPUESTAS 59

LECCIÓN 6
    INTRODUCCIÓN 61
    PENSAMIENTO, ACCIÓN Y EFECTO 63
    PREGUNTAS Y RESPUESTAS 71

LECCIÓN 7
  INTRODUCCIÓN..73
  VISUALIZACIÓN...75
  PREGUNTAS Y RESPUESTAS..83

LECCIÓN 8
  INTRODUCCIÓN..85
  CONSTRUYENDO TU FUTURO...87
  PREGUNTAS Y RESPUESTAS..96

LECCIÓN 9
  INTRODUCCIÓN..99
  TU MENTE Y LAS AFIRMACIONES..101
  PREGUNTAS Y RESPUESTAS..110

LECCIÓN 10
  INTRODUCCIÓN..113
  CAUSA Y EFECTO...115
  PREGUNTAS Y RESPUESTAS..123

LECCIÓN 11
  INTRODUCCIÓN..125
  RESPUESTAS DE LA NATURALEZA..127
  PREGUNTAS Y RESPUESTAS..136

LECCIÓN 12
  INTRODUCCIÓN..139
  ENTENDIENDO LA LEY DE ATRACCIÓN..................................141
  PREGUNTAS Y RESPUESTAS..149

LECCIÓN 13
  INTRODUCCIÓN..151
  EL PENSAMIENTO: UN PROCESO ESPIRITUAL.......................153
  PREGUNTAS Y RESPUESTAS..161

LECCIÓN 14
  INTRODUCCIÓN..163
  INTELIGENCIA A TU SERVICIO..165
  PREGUNTAS Y RESPUESTAS..173

LECCIÓN 15
    INTRODUCCIÓN..175
    PALABRAS Y PENSAMIENTOS 177
    PREGUNTAS Y RESPUESTAS 185

LECCIÓN 16
    INTRODUCCIÓN..187
    ENTENDIMIENTO ESPIRITUAL 189
    PREGUNTAS Y RESPUESTAS 197

LECCIÓN 17
    INTRODUCCIÓN..199
    SÍMBOLOS Y REALIDAD...201
    PREGUNTAS Y RESPUESTAS 209

LECCIÓN 18
    INTRODUCCIÓN..211
    EL VALOR DE CREER 212
    PREGUNTAS Y RESPUESTAS 219

LECCIÓN 19
    INTRODUCCIÓN..221
    TU ALIMENTO MENTAL 223
    PREGUNTAS Y RESPUESTAS 230

LECCIÓN 20
    INTRODUCCIÓN..233
    COMPRENSIÓN DE LOS PRINCIPIOS 235
    PREGUNTAS Y RESPUESTAS 243

LECCIÓN 21
    INTRODUCCIÓN..245
    EL SECRETO DEL PODER...247
    PREGUNTAS Y RESPUESTAS 255

LECCIÓN 22
    INTRODUCCIÓN..257
    EL CAMINO HACIA LA SALUD PERFECTA...................................259
    PREGUNTAS Y RESPUESTAS 267

LECCIÓN 23
- INTRODUCCIÓN 269
- ÉXITO Y RIQUEZA 271
- PREGUNTAS Y RESPUESTAS 278

LECCIÓN 24
- INTRODUCCIÓN 281
- LECCIÓN FINAL 283
- PREGUNTAS Y RESPUESTAS 291

PRÓLOGO

El Sistema de Llave Maestra se ocupa de las causas en lugar de los efectos, de las demostraciones en lugar de la teoría, de lo práctico más que lo abstracto.

Está creciendo rápidamente por su gran simplicidad y porque proporciona una explicación de muchos hechos hasta ahora desconocidos y una concebible explicación para muchos más.

Es una fuerza que está ganando impulso con una rapidez y certeza, que es la desesperación de los defensores de la tradición y la reacción.

En gran parte, esto es cierto porque evita la teoría, la especulación y las abstracciones de todo tipo y se limita al funcionamiento de las leyes naturales.

Estas leyes operan con exactitud científica y aquellos que han tenido éxito en obtener un conocimiento práctico de ellas están capacitados para romper las ataduras del entorno, controlar las fuerzas elementales y utilizar las potencialidades del Infinito.

Durante muchos años se permitió revelar al público en general muy poco o nada sobre las enseñanzas esotéricas, pero en los últimos veinticinco años ha habido una mayor libertad al respecto, y hasta ahora forman una parte importante de casi todas las enseñanzas donde la verdad última es el objetivo.

En todo el mundo se ha difundido vagamente la idea de que hubo algún proceso de estudio el cual siguieron algunos hombres aquí y allá, y que condujo a la adquisición de un tipo de conocimiento más elevado que el que se enseña en los libros o es entregado por los profesores públicos. Pero se descubrió que invariablemente este conocimiento estaba celosamente guardado y el estudiante estaba junto al secreto más inviolable como a todo lo relacionado con su progreso, por lo que era imposible imaginar algo más improbable que una desautorizada revelación de dicha información por ningún estudiante de las grandes escuelas de filosofía esotérica.

Esto era cierto porque aquellos en autoridad estaban temerosos del resultado de la divulgación prematura de estos importantes principios. Temían que una mente pública no preparada podría no estar lista para hacer uso apropiado del extraordinario poder con la aplicación de estos principios divulgados.

Pero los enfoques para la comprensión científica están abiertos a todos y el estudio persistente ha revelado pasajes ocultos que conducen a los más grandes reinos de la iluminación que se puedan imaginar.

Durante un tiempo, fue posible engañar al público general con la idea de que la transmutación estaba solo en el plano de la materia y continuaron ignorando el hecho de que esto era solo una correspondencia y que las formas superiores de la alquimia tienen lugar en los reinos Mental y Espiritual.

Es en estos reinos que se descubrió el arte práctico de manipular las fuerzas de la Naturaleza y la aplicación de este conocimiento a los asuntos de la vida diaria da al estudiante un poder tan extraordinario que los resultados parecen completamente milagrosos.

PREFACIO

Algunas personas parecen atraer éxito, poder, riqueza, y logros, con muy poco esfuerzo consciente; otras conquistan con gran dificultad, y hay otros que fracasan por completo en alcanzar sus anhelos, deseos e ideales. ¿Por qué ocurre esto? ¿Por qué algunas personas realizan sus anhelos fácilmente, otras con dificultad, y otras no los consiguen en absoluto? La causa no puede ser atribuida a factores físicos, ya que de ser así, las personas físicamente más perfectas serían siempre las más exitosas. Por lo tanto, la clave parece residir en el ámbito mental, en la mente misma. Entonces, la mente debe ser la fuerza creativa, debe constituir la única diferencia entre las personas. La mente es la que posee el poder para superar el entorno y cualquier obstáculo que se presente en el camino de las personas.

Cuando comprendemos completamente el poder creativo del pensamiento, somos testigos de sus efectos asombrosos. Sin embargo, estos resultados no pueden lograrse sin una aplicación adecuada, dedicación y enfoque. El estudiante se dará cuenta de que las leyes que rigen en el mundo mental y espiritual son tan fijas e inquebrantables como las leyes del mundo físico. Para obtener los resultados deseados, es fundamental conocer estas leyes y actuar en consonancia con ellas.

El cumplimiento adecuado de estas leyes garantiza que los resultados deseados se materialicen con una exactitud invariable. El estudiante que comprende que el poder reside en su interior y que su debilidad proviene de depender demasiado de fuentes externas, puede transformarse instantáneamente. Al enfocarse en su propio pensamiento, corrige su curso, se fortalece, adopta una actitud dominante y logra verdaderos milagros.

Es evidente que aquel que falla en investigar y aprovechar el maravilloso progreso que se está haciendo en esta grandiosa ciencia, pronto estará tan atrás como el que se niega a reconocer y aceptar los beneficios que ha traído para la humanidad la comprensión de las leyes de la electricidad.

Por supuesto, la mente puede crear condiciones negativas tan fácilmente como crear condiciones favorables. Cuando visualizamos consciente o inconscientemente algún tipo de carencia, limitación y discordia, creamos estas condiciones. Esto es algo que muchas personas hacen de forma constante sin ser plenamente conscientes de ello.

Esta ley, al igual que cualquier otra, no hace distinciones entre personas. Opera de manera constante e implacable, otorgando a cada individuo exactamente lo que han sembrado. En otras palabras: "Como un hombre siembra, así cosechará".

La abundancia depende del reconocimiento de las leyes que la rigen. La mente no solo es la fuerza creadora, sino la única que da origen a todo lo que existe. Es cierto que no podemos crear algo antes de ser conscientes de que es posible hacerlo; solo entonces nos motivamos a realizar los esfuerzos necesarios. Hoy en día, no existe más electricidad en el mundo que la que había hace cincuenta años. Sin embargo, no obtenemos ningún beneficio de ella hasta que alguien comprendió la ley que permitía su uso. Ahora, con la comprensión de la ley de la electricidad, prácticamente todo el mundo tiene acceso a la iluminación. Lo mismo ocurre con la ley de la abundancia: solo aquellos que la reconocen y armonizan con ella pueden disfrutar de sus beneficios.

El espíritu científico ha llegado a dominar todos los campos del conocimiento, y ya no se pasan por alto las relaciones de causa y efecto. El descubrimiento de esta ley marcó un hito en el progreso humano al eliminar la incertidumbre y el capricho en la vida de las personas, reemplazándolos con la ley, la razón y la certeza.

En la actualidad, las personas comprenden que cada resultado tiene una causa definida y adecuada, por lo que cuando desean un resultado en particular, buscan las condiciones necesarias para alcanzarlo.

La base en la que se sustentan todas las leyes se descubrió mediante el razonamiento inductivo, que implica comparar múltiples casos individuales hasta identificar el factor común que los origina a todos. A este método de estudio, las naciones civilizadas le deben una gran parte de su prosperidad y su conocimiento más valioso. Gracias a él, han prolongado la vida, aliviado el sufrimiento, cruzado ríos, iluminado la noche, ampliado la visión, acelerado el movimiento, acortado distancias, facilitado el comercio y permitido a las personas descender al mar y volar por el aire.

Por lo tanto, no debería sorprendernos que las personas pronto intentaran aplicar las ventajas de este enfoque de estudio a su forma de pensar. A medida que se volvía cada vez más evidente que ciertos resultados estaban vinculados a un enfoque particular en el pensamiento, solo quedaba por hacer la clasificación de estos resultados.

Este método tiene una naturaleza científica y representa la única vía para preservar la libertad, que consideramos un derecho inalienable. Esto se logra garantizando que las personas se sientan seguras en sus hogares y en el mundo en general. Para lograrlo, la nación debe proporcionar beneficios como una mejor salud, mayor eficiencia en los asuntos públicos y privados de toda índole, y avances continuos en la ciencia y el arte, trabajando en conjunto. La tendencia predominante consiste en centrar y orientar estos y otros aspectos del desarrollo nacional hacia la mejora de la calidad de vida tanto a nivel individual como colectivo. En este proceso, la ciencia, el arte y la ética desempeñan un papel fundamental al proporcionar dirección y control.

La Llave Maestra se basa en verdades científicas absolutas y despierta las potencialidades latentes en cada individuo. Enseña cómo convertirlas en una poderosa fuerza de acción que amplía la capacidad efectiva de las personas, infundiendo energía, claridad mental, vitalidad y flexibilidad mental. Los estudiantes que comprenden las leyes mentales que rigen el funcionamiento humano obtienen la habilidad de lograr resultados que antes parecían inalcanzables. Las recompensas que esto conlleva difícilmente pueden expresarse completamente con palabras, ya que trascienden lo que uno pueda imaginar.

Este método proporciona una explicación detallada sobre el uso adecuado de los elementos receptivos y activos de la mente humana. Instruye a los estudiantes sobre cómo reconocer oportunidades, fortalece la voluntad y las facultades del razonamiento, y enseña a cultivar y aprovechar al máximo la imaginación, los deseos, las emociones y la intuición. Proporciona iniciativa, determinación en la consecución de objetivos, sabiduría en la toma de decisiones, inteligencia y la capacidad de disfrutar plenamente de la vida en sus niveles más elevados.

La Llave Maestra imparte la enseñanza del verdadero Poder Mental, y se diferencia completamente de cualquier sustituto o distorsión. No tiene relación alguna con el hipnotismo, la magia ni con ninguna de las otras artimañas, por muy fascinantes que parezcan, que llevan a muchas personas a creer que se puede obtener algo a cambio de nada.

La Llave Maestra cultiva y desarrolla la comprensión que te permite controlar tu cuerpo y, en consecuencia, tu salud. Fortalece y mejora la memoria. Desarrolla la intuición, ese tipo de intuición rara que distingue a las personas de negocios exitosas. Es la intuición que permite ver tanto las oportunidades como los desafíos en cada situación; aquella que te permite percibir las oportunidades que están al alcance de tu mano. A menudo, miles de personas pasan por alto estas oportunidades mientras trabajan arduamente en situaciones que no les brindan un retorno significativo.

La Llave Maestra fomenta el desarrollo del Poder Mental, lo que implica que las personas te perciben como alguien de fortaleza y carácter. Instintivamente, están dispuestas a seguir tus deseos. Esto significa que atraes a personas y oportunidades hacia ti, y a menudo se te considera afortunado, ya que las cosas parecen fluir en tu dirección. Has alcanzado una comprensión profunda de las leyes fundamentales de la Naturaleza y te has armonizado con ellas. Estás en sintonía con el Infinito, comprendes la Ley de la Atracción, la Ley Natural de Crecimiento y las leyes psicológicas en las que se basan todas las ventajas en el mundo social y comercial.

El Poder Mental es un poder creativo que te permite crear por ti mismo, sin involucrar la toma de algo de alguien más. La naturaleza sigue un patrón similar: hace que crezcan dos briznas de hierba donde antes solo había una. Del mismo modo, el Poder de la Mente permite a las personas lograr lo mismo.

La Llave Maestra cultiva perspicacia y sagacidad, promueve la independencia y fortalece la capacidad y disposición para ser útil. Elimina la desconfianza, la depresión, el miedo, la melancolía y cualquier forma de carencia, limitación y debilidad, incluyendo el dolor y la enfermedad. Despierta talentos latentes, fomenta la iniciativa, brinda fuerza, energía y vitalidad, y estimula una apreciación más profunda de la belleza en el arte, la literatura y la ciencia.

La Llave Maestra ha transformado la vida de innumerables hombres y mujeres, reemplazando métodos inciertos y confusos con principios claramente definidos. Estos principios se convierten en la base sobre la cual se sustenta la eficiencia en cualquier sistema. Elbert Gary, presidente de la Corporación de Acero de los Estados Unidos, afirmó que, aunque los servicios de asesores, instructores y expertos en eficiencia son esenciales para muchas empresas de gran envergadura, considera que el reconocimiento y la adopción de los principios correctos tienen una importancia aún mayor.

La Llave Maestra no solo enseña principios correctos, sino que también proporciona métodos concretos para aplicar estos principios en la vida cotidiana. Esta característica la distingue de cualquier otro curso de estudio. Reconoce que el único valor real de cualquier principio radica en su aplicación. Muchas personas leen libros, toman cursos y asisten a conferencias a lo largo de sus vidas sin lograr progresos significativos en la aplicación práctica de los principios que han aprendido. La Llave Maestra ofrece métodos que permiten demostrar y poner en práctica el valor de estos principios en la experiencia diaria.

Un cambio trascendental en el pensamiento del mundo está ocurriendo silenciosamente en nuestro entorno, y su importancia rivaliza con los eventos más significativos de la historia, desde la caída del paganismo. Esta revolución en las perspectivas y opiniones afecta a personas de todas las clases sociales, desde los más educados y cultos hasta los trabajadores de base, y está destinada a quedar registrada en los anales de la historia mundial.

La ciencia ha realizado descubrimientos recientes tan asombrosos que han revelado innumerables recursos y fuerzas antes insospechadas. Estos hallazgos han llevado a los científicos a cuestionar cada vez más la certeza de algunas teorías y a reevaluar las que antes se consideraban absurdas o imposibles. Este proceso está dando lugar a una nueva civilización en la que las antiguas costumbres, creencias y crueldades están desapareciendo gradualmente. En su lugar, la visión, la fe y el servicio están floreciendo. Las cadenas de la tradición se están desvaneciendo, mientras que el materialismo se consume, liberando así el pensamiento y revelando la verdad ante una multitud asombrada.

El mundo entero se encuentra al borde de una nueva conciencia, un nuevo poder y una nueva comprensión de los recursos internos que yacen en su ser. El siglo pasado presenció un progreso material magnífico sin precedentes en la historia. El siglo actual dará lugar al mayor progreso en términos de desarrollo mental y poder espiritual.

La ciencia física ha desentrañado la materia hasta llegar a las moléculas, estas a los átomos, los átomos a la energía, y la energía, según lo expresó Sir Ambrose Fleming, en su discurso ante 'The Royal Institution', "En su máxima esencia, puede resultar incomprensible para nosotros, excepto como manifestación directa de lo que llamamos Mente o Voluntad".

Examinemos cuáles son las fuerzas más poderosas en la Naturaleza. En el mundo mineral, todo es sólido y estático. En el reino animal y vegetal, todo está en constante flujo, siempre cambiando, siempre siendo creado y recreado. En la atmósfera, encontramos calor, luz y energía. Cada reino se torna más sutil y espiritual a medida que avanzamos de lo visible a lo invisible, de lo denso a lo etéreo, de la baja potencialidad a la alta potencialidad. Al llegar a lo invisible, nos encontramos con la energía en su estado más puro y volátil.

Así como las fuerzas más poderosas de la naturaleza son invisibles, descubrimos que las fuerzas más poderosas del ser humano son igualmente invisibles: su fuerza espiritual. Y la única forma en que la fuerza espiritual puede manifestarse es a través del proceso de pensamiento. El pensamiento es la única actividad que posee el espíritu, y el pensamiento es el producto exclusivo del proceso mental.

Por lo tanto, tanto la suma como la resta son transacciones de índole espiritual; el razonamiento es un proceso espiritual; las ideas son concepciones espirituales; las preguntas son reflejos espirituales, y la lógica, el argumento y la filosofía son herramientas de naturaleza espiritual.

Cada pensamiento pone en acción cierto tejido físico, partes del cerebro, nervios o músculos. Esto produce un cambio físico real en la estructura del tejido. Por lo tanto, solo se requiere un número determinado de pensamientos sobre un tema en particular para provocar una transformación completa en la organización física de una persona.

Este es el proceso mediante el cual el fracaso se transforma en éxito. Los pensamientos de fracaso, desesperación, carencia, limitación y discordia son reemplazados por pensamientos de coraje, poder, inspiración y armonía. A medida que estos pensamientos se arraigan, el tejido físico experimenta cambios, y el individuo comienza a percibir la vida bajo una nueva luz. Verdaderamente, lo antiguo ha desaparecido, todo se ha vuelto nuevo; ha nacido de nuevo, esta vez, del espíritu. La vida adquiere un nuevo significado, y el individuo se reconstruye, lleno de alegría, confianza, esperanza y energía. Comienza a ver oportunidades para el éxito que antes le eran invisibles, y reconoce posibilidades que antes carecían de sentido. Los pensamientos de éxito que ha adoptado se irradian hacia quienes lo rodean, quienes a su vez lo impulsan hacia adelante y hacia arriba. Atrae nuevos y exitosos colaboradores, lo que a su vez modifica su entorno. Así, con este sencillo ejercicio de pensamiento, un individuo no solo se transforma a sí mismo, sino también su entorno, sus circunstancias y sus condiciones.

Debes ser consciente de que nos encontramos en el amanecer de un nuevo día, un momento en el que las posibilidades son tan maravillosas, tan fascinantes y tan ilimitadas que pueden dejar a uno perplejo. Hace siglos, un solo hombre con una ametralladora Gatling podría haber aniquilado a un ejército completo equipado con los mejores implementos de guerra de la época. En la actualidad, algo similar ocurre. Cualquier persona que posea conocimiento de las posibilidades contenidas en la Llave Maestra tiene una ventaja inconcebible sobre la multitud.

LECCIÓN 1

INTRODUCCIÓN

Tengo el privilegio de presentar la primera lección del sistema de la Llave Maestra. ¿Deseas traer más poder a tu vida? Entonces, adquiere la conciencia del poder. ¿Buscas más salud? Desarrolla la conciencia de salud. ¿Anhelas mayor felicidad? Cultiva la conciencia de la felicidad. Vive la esencia de estas cualidades hasta que sean tuyas por derecho. Cuando lo hagas, será imposible separarlas de ti.

Las cosas en este mundo emanan del poder interno del ser humano, el cual las gobierna. No necesitas adquirir este poder, ya lo posees. Sin embargo, deseas comprenderlo, utilizarlo, controlarlo y empaparte de él para avanzar y moldear el mundo a tu alrededor.

Día tras día, mientras avanzas, adquieres fuerza, profundizas tu inspiración, cristalizas tus planes y obtienes un mayor entendimiento, te das cuenta de que este mundo no es simplemente un conjunto de piedras y madera inerte, sino algo vivo, hecho de los corazones palpitantes de la humanidad. Es vida y belleza.

Es evidente que se requiere comprensión para trabajar con materiales de esta índole, pero aquellos que alcanzan este entendimiento se ven iluminados por una nueva luz, una nueva fuerza. Ganan confianza y poder cada día, ven cómo sus esperanzas se realizan y sus sueños se vuelven realidad. Su vida adquiere un significado más profundo, completo y claro que antes.

Ahora, comencemos con la lección uno.

LECCIÓN 1

EL MUNDO INTERNO

1. Toda posesión está basada en la conciencia. Toda ganancia es el resultado de una conciencia acumulativa. Toda perdida es el resultado de una conciencia dispersa. En todos los planos de la existencia, es una verdad que lo mucho atrae más, y de manera igual, una pérdida conduce a una pérdida mayor.

2. La mente es creativa. Las condiciones, el entorno y todas las experiencias en la vida son el resultado de nuestra actitud mental habitual o predominante.

3. La actitud mental depende necesariamente de lo que pensamos. Por lo tanto, el secreto de todo poder, todo logro y toda posesión dependen de nuestra forma de pensar.

4. Esto es verdad porque debemos "ser" antes de "hacer", y solo podemos "hacer" hasta el punto en que "somos". Lo que "somos" depende de lo que "pensamos".

5. No podemos expresar poderes que no poseemos. La única forma en que podemos asegurar la posesión del poder es alcanzando la conciencia de poder. Sin embargo, nunca llegaremos a ser conscientes del poder hasta que aprendamos que todo poder viene desde el interior.

6. Hay un mundo interior: un mundo de pensamientos, sentimientos y poder; un mundo de luz, vida y belleza. Aunque sea invisible, sus fuerzas son extraordinariamente poderosas.

7. El mundo interior está gobernado por la mente. Al descubrir este mundo, encontramos la solución para cada problema y la causa de cada efecto. Dado que el mundo interior está sujeto a nuestro control, todas las leyes de poder y posesión están también bajo nuestro control.

8. El mundo externo es un reflejo del mundo interno. Lo que se manifiesta en el exterior es una manifestación de lo que reside en nuestro interior. En el mundo interior, encontramos sabiduría infinita, poder infinito y suministro infinito de todo lo necesario, esperando ser revelados, desarrollados y expresados. Si reconocemos estas potencialidades en el mundo interior, tomarán forma en el mundo exterior.

9. La armonía en el mundo interno se reflejará en el mundo externo a través de condiciones armoniosas y entornos agradables, lo mejor en todo. Esto es esencial para la salud y constituye la base de toda grandeza, poder, habilidad, logro y éxito.

10. La armonía en el mundo interno implica la habilidad de controlar nuestros pensamientos y decidir cómo nos afectará cada experiencia.

11. La armonía en el mundo interno da como resultado optimismo y riqueza; y esta riqueza interna se manifiesta en riqueza externa.

12. El mundo externo refleja las circunstancias y las condiciones de la conciencia interna.

13. Cuando encontramos la sabiduría en el mundo interno, adquirimos la comprensión necesaria para reconocer las maravillosas posibilidades latentes en ese mundo interno. Asimismo, obtenemos el poder para manifestar esas posibilidades en el mundo externo.

14. Al hacernos conscientes de la sabiduría interna, mentalmente tomamos posesión de esta sabiduría, y al tomar posesión mental adquirimos posesión real del poder y la sabiduría necesarios para atraer y manifestar lo que es esencial para nuestro desarrollo completo y armonioso.

15. El mundo interno es donde las personas de poder generan valor, esperanza, entusiasmo, confianza y fe. A través de estas cualidades, se obtiene la inteligencia sutil para tener visión y la capacidad práctica para hacer realidad esa visión.

16. La vida es un proceso de despliegue, no de incremento. Lo que se manifiesta en el mundo externo es una manifestación de lo que ya poseemos en nuestro mundo interno.

17. Toda posesión se basa en la conciencia. Toda ganancia es el resultado de una conciencia acumulativa. Toda pérdida es resultado de una conciencia dispersa.

18. La eficiencia mental depende de la armonía; la discordia conlleva confusión. Por lo tanto, aquel que busca el poder debe estar en armonía con la Ley Natural.

19. Nos relacionamos con el mundo exterior a través de la mente objetiva, y el cerebro es el órgano de esta mente. El sistema nervioso cerebro-espinal nos permite tener una comunicación

consciente con cada parte de nuestro cuerpo. Este sistema nervioso responde a las sensaciones de luz, calor, olor, sonido y sabor.

20. Cuando esta mente piensa correctamente, cuando comprende la verdad, cuando los pensamientos enviados a través del sistema nervioso cerebro-espinal al cuerpo son constructivos, esas sensaciones son placenteras y armoniosas.

21. Como resultado, construimos fortaleza, vitalidad y todas las fuerzas constructivas en nuestro cuerpo. Sin embargo, a través de la misma mente objetiva, todas las penas, enfermedades, carencias, limitaciones y cualquier forma de discordia y falta de armonía entran en nuestras vidas. Es por eso que, cuando nuestros pensamientos son erróneos, nos relacionamos con todas las fuerzas destructivas a través de la mente objetiva.

22. Nos conectamos con el mundo interior a través de la mente subconsciente. El plexo solar es el órgano de esta mente, y el sistema nervioso simpático controla todas las sensaciones subjetivas, como la alegría, el temor, el amor, la emoción, la respiración, la imaginación y todos los fenómenos subconscientes. A través del subconsciente, estamos conectados con la Mente Universal y entramos en relación con las infinitas fuerzas constructivas del Universo.

23. La coordinación de estos dos centros de nuestro ser y la comprensión de sus funciones son el gran secreto de la vida. Con este conocimiento podemos llevar la mente objetiva y subjetiva a la cooperación consciente y así coordinar lo finito y lo infinito. Nuestro futuro está completamente bajo nuestro control y no está a merced de ningún poder externo caprichoso o incierto.

24. Todo concuerda en que hay solo un Principio o Conciencia que impregna todo el Universo, ocupando todo espacio y siendo esencialmente el mismo en cada punto de su presencia. Es todo poder, toda sabiduría y siempre presente. Todos los pensamientos y cosas están dentro de él. Es todo en todo.

25. Existe una única conciencia en el universo capaz de pensar, y cuando esta conciencia piensa, sus pensamientos se materializan como cosas objetivas. Dado que esta conciencia es omnipresente, debe residir en el interior de cada individuo; cada individuo es una manifestación de esa Conciencia Omnipotente, Omnisciente y Omnipresente.

26. Puesto que solo existe una Conciencia en el Universo capaz de pensar, inevitablemente, tu propia conciencia debe ser idéntica a la Conciencia Universal, lo que significa que toda mente es una. Esta conclusión es ineludible.

27. La conciencia enfocada en tus células cerebrales es la misma conciencia que se enfoca en las células cerebrales de los demás individuos. Cada individuo es la individualización de la Mente Cósmica Universal.

28. La Mente Universal es estática o energía potencial, simplemente es. Solo puede manifestarse a través de la mente individual, y la mente individual solo puede manifestarse a través de la Mente Universal. Estas dos son una y la misma.

29. La habilidad de pensar del individuo es su habilidad para actuar en lo Universal y traerlo a manifestación. La conciencia humana se reduce a la habilidad del ser humano de pensar. La

mente en sí misma se considera una forma sutil de energía estática, de la cual emergen las actividades llamadas "pensamientos", que representan la fase dinámica de la mente. La mente es energía estática, y el pensamiento es energía dinámica: ambas son fases de la misma entidad. Por lo tanto, el pensamiento es la fuerza vibratoria que surge de la conversión de la mente estática en mente dinámica.

30. Dado que todos los atributos existen en la Mente Universal, que es Omnipotente, Omnisciente y Omnipresente, estos atributos deben existir potencialmente en cada individuo en todo momento. Por lo tanto, cuando un individuo piensa, por su propia naturaleza, el pensamiento se ve obligado a tomar forma en una manifestación o condición que corresponda a su origen.

31. Cada pensamiento es una causa y cada condición es un efecto. Por esta razón, es de suma importancia que tengas un control consciente sobre tus pensamientos para atraer únicamente condiciones deseables.

32. Todo poder proviene del interior y está absolutamente bajo tu propio control. Este poder se manifiesta a través del conocimiento correcto y la aplicación voluntaria de principios exactos.

33. Debe quedar claro que, cuando adquieres una comprensión completa de esta ley y eres capaz de controlar tu proceso de pensamiento, puedes aplicarla a cualquier condición. En otras palabras, cooperas conscientemente con la Ley Omnipotente que es la base fundamental de todas las cosas.

34. La Mente Universal es el principio vital de cada átomo en existencia; cada átomo constantemente busca manifestar más vida. Todos son inteligentes y se esfuerzan por cumplir el propósito para el cual fueron creados.

35. La mayoría de las personas viven en el mundo externo, mientras que solo unos pocos han descubierto el mundo interno. Es el mundo interno el que da forma al mundo externo, por lo tanto, es creativo. Cada cosa que encuentras en tu mundo externo ha sido creada previamente en tu mundo interno.

36. Este sistema te llevará al reconocimiento del poder que será tuyo cuando entiendas esta relación entre el mundo externo y el interno. El mundo interno es la causa, el mundo externo el efecto; para cambiar el efecto debes cambiar la causa.

37. Al mismo tiempo, debes comprender que esta es una idea radicalmente nueva y diferente. La mayoría de las personas intentan cambiar los efectos trabajando directamente con los efectos, sin darse cuenta de que esto solo supone cambiar una forma de angustia por otra. Para eliminar la discordia, debemos abordar la causa raíz, y esa causa solo puede encontrarse en el mundo interno.

38. Todo crecimiento proviene del interior. Esto es evidente en toda la naturaleza; cada planta, cada animal, cada humano es un testimonio vivo de esta gran ley. El error cometido a lo largo de la historia ha sido buscar fuerza o poder en el exterior.

39. El mundo interno es la fuente universal de suministro, y el mundo externo es la manifestación de ese flujo. Nuestra capacidad para recibir depende de nuestro reconocimiento de esta

fuente universal, de esta energía infinita, de la cual cada individuo es una expresión y, por lo tanto, está unido a todos los demás individuos.

40. El reconocimiento es un proceso mental; la acción mental es la interacción del individuo con la Mente Universal. Dado que la Mente Universal impregna todo el espacio y anima a todas las criaturas vivientes, esta acción y reacción mental constituyen la ley de la causalidad. Sin embargo, el principio de causalidad no se encuentra en la mente individual, sino en la Mente Universal. No es una facultad objetiva, sino un proceso subjetivo. Los resultados se manifiestan en una infinidad de condiciones y experiencias.

41. Para que la vida se manifieste, la mente es un requisito fundamental; nada puede existir sin la mente. Todo lo que existe es una manifestación de esta única sustancia fundamental, de la cual todas las cosas han sido creadas y siguen siendo recreadas constantemente.

42. Vivimos en un vasto océano de sustancia mental maleable. Esta sustancia está siempre viva y activa, siendo sumamente receptiva. Toma forma según lo dictan nuestras demandas mentales. Los pensamientos son el molde o matriz a partir de la cual la sustancia se expresa.

43. Es importante recordar que el valor reside únicamente en la aplicación práctica de estos principios. Una comprensión práctica de esta ley reemplazará la pobreza con abundancia, la ignorancia con sabiduría, la discordia con armonía y la tiranía con libertad. Desde el punto de vista material y social, no hay bendición mayor que esta.

LECCIÓN 1

Ahora realiza la Aplicación:

44. Escoge una habitación en la que puedas estar solo y sin interrupciones. Siéntate erguido, en una posición cómoda pero sin recostarte. Permite que tus pensamientos vaguen libremente, sin restricciones, pero mantén tu cuerpo inmóvil durante un período de quince minutos a media hora. Repite este ejercicio durante tres o cuatro días, o incluso una semana, hasta que hayas logrado un completo control sobre tu cuerpo.

45. Es posible que este ejercicio resulte difícil para algunos y sencillo para otros, pero es de vital importancia asegurar un control total sobre tu cuerpo antes de avanzar. La semana próxima, recibirás las instrucciones para el próximo paso. Mientras tanto, concéntrate en dominar esta fase.

PREGUNTAS Y RESPUESTAS

¿Qué es el mundo externo en relación con el mundo interno?
El mundo externo es un reflejo del mundo interno.

¿De qué dependen todas las posesiones?
Todas las posesiones están basadas en la conciencia.

¿Cómo está relacionado el individuo con el mundo objetivo?
El individuo está relacionado con el mundo objetivo por la mente objetiva; el cerebro es el órgano de esta mente.

¿Cómo está relacionado el individuo con la Mente Universal?
Está relacionado a través de la mente subconsciente; el Plexo Solar es el órgano de esta mente.

¿Qué es la Mente Universal?
La Mente Universal es el principio de vida de cada átomo que existe.

¿Cómo puede el individuo actuar en lo Universal?
La habilidad del individuo de pensar es su habilidad para actuar en lo Universal y llevarlo a manifestación.

¿Cuál es el resultado de esta acción e interacción?
El resultado de esta acción e interacción es causa y efecto; cada pensamiento es una causa y cada condición un efecto.

¿Cómo se aseguran condiciones armoniosas y deseables?

LECCIÓN 1

Las condiciones armoniosas y deseables se obtienen mediante pensamientos correctos.

¿Cuál es la causa de toda discordia, conflicto, carencia y limitación?

La discordia, conflicto, carencia y limitación son el resultado del pensamiento erróneo.

¿Cuál es la fuente de todo Poder?

La fuente de todo Poder es el mundo interno, la Fuente Universal de Suministro, la Energía Infinita de la cual cada individuo es una expresión.

LECCIÓN 2

INTRODUCCIÓN

Nuestras dificultades se deben en gran medida a ideas confusas e ignorancia de nuestros verdaderos intereses. La gran tarea es descubrir las leyes de la naturaleza a las cuales debemos ajustarnos. Por lo tanto, el pensamiento claro y el discernimiento moral son de valor incalculable. Todos los procesos, incluso los del pensamiento, descansan sobre bases sólidas. Cuanto más aguda sea la sensibilidad, más delicado sea el gusto, más refinados los sentimientos morales, más sutil la inteligencia, más elevada la aspiración, más puras y más intensas serán las gratificaciones que otorga la existencia. De ahí que el estudio de lo mejor que ha sido pensado en el mundo dé un placer supremo.

Los poderes, usos y posibilidades de la mente bajo las nuevas interpretaciones son incomparablemente más maravillosos que el más extravagante logro, incluso de los sueños de progreso material.

El pensamiento es energía. El pensamiento activo es energía activa; el pensamiento concentrado es una energía concentrada. El pensamiento concentrado en un propósito definido se convierte en poder. Este es el poder que utilizan aquellos que no creen en la virtud de la pobreza ni en la belleza de la abnegación. Ellos perciben que eso es un discurso de los débiles.

La habilidad para recibir y manifestar este poder depende de la habilidad para reconocer la Energía Infinita que habita en cada individuo, constantemente creando y recreando nuestros cuerpos y mentes, y lista en todo momento para manifestarse a través de cada uno de nosotros en cualquier manera necesaria. En exacta proporción al reconocimiento de esta verdad será la manifestación en la vida de cada persona.

LECCIÓN 2

ACTIVIDAD MENTAL: CONSCIENTE Y SUBCONSCIENTE

1. La mente opera en dos modos paralelos de actividad, uno consciente y el otro subconsciente. Según el profesor Davidson, "Quien intenta iluminar todo el espectro de la acción mental con la luz de su propia conciencia se asemeja a aquel que busca iluminar el universo con un destello de luz".

2. Los procesos lógicos subconscientes se ejecutan con una certeza y regularidad que serían inimaginables si existiera la posibilidad de error. Nuestra mente está tan ingeniosamente diseñada que establece los cimientos más cruciales de la cognición para nosotros, mientras nosotros permanecemos completamente ajenos a su método de operación.

3. El alma subconsciente, como un misterioso benefactor, trabaja en nuestro beneficio y proporciona solo los frutos maduros en nuestro camino. Así, al analizar profundamente los procesos del pensamiento, se revela que el subconsciente es el escenario de los fenómenos mentales más trascendentales.

4. A través del subconsciente, Shakespeare debió haber accedido sin esfuerzo a grandes verdades que permanecían ocultas para la mente consciente del estudiante; Phidias esculpió en mármol y bronce; Raphael pintó Madonas; y Beethoven compuso sinfonías.

5. La facilidad y la excelencia están intrínsecamente ligadas al grado en que dejamos de depender del conocimiento consciente. Tocar el piano, patinar, escribir a máquina y los oficios

especializados dependen de los procesos de la mente subconsciente para su perfecta ejecución. La asombrosa capacidad de tocar una pieza brillante en el piano mientras sostienes una animada conversación, muestra la grandeza de nuestros poderes subconscientes.

6. Todos somos conscientes de nuestra dependencia del subconsciente, y cuanto más profundos, nobles y brillantes son nuestros pensamientos, más claro resulta que su origen trasciende nuestro entendimiento. Nos encontramos imbuidos de un sentido del tacto, un instinto, y un aprecio por la belleza en el arte y la música, cuyo origen o morada permanecen completamente ocultos para nosotros.

7. El valor del subconsciente es inmenso: nos inspira, nos alerta, nos suministra nombres, hechos y escenas desde el vasto almacén de la memoria. Guía nuestros pensamientos, moldea nuestros gustos y ejecuta tareas de una complejidad tal que ninguna mente consciente sería capaz de llevar a cabo, incluso si tuviera el poder para hacerlo.

8. Tenemos el poder de caminar a voluntad, de elevar el brazo cuando lo deseemos y de enfocar nuestra atención en lo que nos resulte placentero a través de nuestros ojos u oídos. Por otro lado, no podemos detener los latidos de nuestro corazón, ni regular la circulación de la sangre, ni influir en el crecimiento de nuestra estatura, ni controlar la formación de nervios y tejido muscular, ni dirigir la formación de nuestros huesos, entre otros procesos vitales esenciales.

9. Al comparar estos dos sistemas de acción, uno dirigido por la voluntad del momento y el otro siguiendo un curso majestuoso y

rítmico, inmutable y constante en todo momento, quedamos maravillados por este último y ansiamos una explicación para su misterio. De inmediato, reconocemos que estos procesos vitales son fundamentales para nuestra existencia física, y no podemos evitar deducir que las funciones más esenciales se han retirado del dominio de nuestra voluntad consciente, con sus fluctuaciones y cambios, y se han confiado a un poder interno permanente y confiable.

10. De estos dos poderes, el exterior y cambiante ha sido llamado "la Mente Consciente" o "Mente Objetiva" (que se ocupa de objetos externos). El poder interior es llamado "Mente Subconsciente" o " Mente Subjetiva" y además de su trabajo en el plano mental controla las funciones regulares que hacen posible la vida física.

11. Es necesario tener una comprensión clara de sus respectivas funciones en el ámbito mental, así como de otros principios fundamentales. Operando a través de los cinco sentidos físicos, la mente consciente se ocupa de las impresiones y objetos externos de la vida.

12. Posee la facultad de discernimiento y asume la responsabilidad de la toma de decisiones. Dispone del poder del razonamiento, ya sea inductivo, deductivo, analítico o silogístico, y este poder puede desarrollarse en un alto grado. Es el centro de la voluntad, con todas sus energías emanando desde allí.

13. No solo tiene la capacidad de influir en otras mentes, sino que también puede dirigir la mente subconsciente. De esta manera, la mente consciente se convierte en el gobernante responsable y el protector de la mente subconsciente. Esta función superior es la

que tiene el potencial de transformar completamente las condiciones en tu vida.

14. A menudo, las condiciones de miedo, preocupación, pobreza, enfermedad, discordia y todo tipo de adversidades nos dominan debido a sugerencias falsas aceptadas por la mente subconsciente no vigilada. La mente consciente, cuando está entrenada, puede prevenir todo esto mediante su acción vigilante y protectora. Puede ser adecuadamente llamada "el guardián en la puerta" del vasto reino subconsciente..

15. Un escritor describió la diferencia principal entre las dos facetas de la mente de esta manera: "La mente consciente es el razonamiento voluntario. La mente subconsciente es el deseo instintivo, el resultado del razonamiento voluntario pasado".

16. La mente subconsciente realiza deducciones precisas y exactas a partir de las premisas que le llegan desde fuentes externas. Cuando la premisa es verdadera, la mente subconsciente llega a una conclusión perfecta, pero si existe un error en la premisa o sugerencia, toda la estructura se desmorona. La mente subconsciente no se involucra en el proceso de verificación, confía en la mente consciente, el "vigilante en la puerta", para protegerla de impresiones equivocadas.

17. Recibiendo cualquier sugestión como verdadera, la mente subconsciente procede inmediatamente a actuar sobre ella en todos los ámbitos de su vasto campo de trabajo. La mente consciente puede sugerir tanto la verdad como el error. Si es lo último, puede poner en peligro todo el ser.

LECCIÓN 2

18. La mente consciente debe permanecer alerta en cada hora de vigilia. Cuando el "vigilante" está descuidado o su juicio tranquilo se ve suspendido bajo cualquier circunstancia, la mente subconsciente queda desprotegida y vulnerable a sugerencias de todas las fuentes. En momentos de pánico, intensa ira, impulsos de multitudes irresponsables o cualquier otro estado de pasión desenfrenada, las condiciones se vuelven extremadamente peligrosas. La mente subconsciente queda expuesta a sugerencias de miedo, odio, egoísmo, avaricia, autodepreciación y otras fuerzas negativas que provienen del entorno de personas o circunstancias. Por lo general, esto resulta en un daño significativo con efectos que pueden perdurar durante mucho tiempo. Es por eso que es de vital importancia proteger la mente subconsciente de impresiones falsas.

19. La mente subconsciente opera a través de la intuición, por lo tanto, sus procesos son rápidos. No espera los lentos métodos del razonamiento consciente. De hecho, no puede emplearlos.

20. La mente subconsciente nunca descansa ni duerme, al igual que tu corazón o tu sangre. Se ha demostrado que al darle instrucciones específicas, se activan fuerzas que conducen al resultado deseado. Aquí se presenta una fuente de poder que nos conecta con la Omnipotencia. Este es un principio profundo que merece un estudio más profundo.

21. La operación de esta ley es fascinante. Aquellos que la ponen en práctica descubren que cuando se enfrentan a una reunión con alguien con quien anticipaban una conversación difícil, algo ha actuado previamente y ha disuelto las supuestas diferencias. Todo ha cambiado y se ha vuelto armonioso. Cuando se presenta un problema complicado en sus negocios, pueden permitirse

tomarse un tiempo, y algo sugiere la solución adecuada. Todo se resuelve de manera apropiada. De hecho, quienes han aprendido a confiar en el subconsciente descubren que tienen recursos infinitos a su disposición.

22. La mente subconsciente alberga nuestros principios y aspiraciones más profundos. Es la fuente de nuestros ideales artísticos y altruistas, y solo pueden ser socavados mediante un proceso gradual y elaborado que ataque estos principios innatos.

23. La mente subconsciente no puede discutir controversialmente. Por lo tanto, si ha aceptado sugestiones equivocadas, el método seguro para superarlas radica en el uso de sugestiones fuertes en sentido contrario, repetidas con frecuencia. La mente subconsciente debe aceptar estas sugerencias, formando así nuevos y saludables hábitos de pensamiento y vida, ya que la mente subconsciente es el asiento del hábito. Lo que hacemos repetidamente se convierte en automático; deja de ser un acto de juicio y deja huellas profundas en la mente subconsciente. Esto es beneficioso si el hábito es saludable y correcto. Si es perjudicial y erróneo, el remedio consiste en reconocer la omnipotencia de la mente subconsciente y sugerir la verdadera libertad. El subconsciente, siendo creativo y uno con nuestra fuente divina, creará de inmediato la libertad sugerida.

24. En resumen, las funciones normales del subconsciente en el lado físico se relacionan con los procesos vitales y regulares, la preservación de la vida, la recuperación de la salud y el cuidado de la descendencia, lo que incluye el instinto de preservar toda vida y mejorar las condiciones en general.

25. En el ámbito mental, el subconsciente es el depósito de la memoria, alberga los mensajes del pensamiento que operan sin restricciones de tiempo o espacio. Es la fuente de la iniciativa práctica y de las fuerzas constructivas de la vida, y también es el asiento del hábito.

26. En el ámbito espiritual, el subconsciente representa la fuente de los ideales, la aspiración y la imaginación. Es el medio a través del cual reconocemos nuestra Fuente Divina. A medida que reconocemos esta divinidad, alcanzamos una comprensión de la fuente del poder.

27. Alguien podría preguntar: "¿Cómo puede el subconsciente cambiar las condiciones?" La respuesta radica en que el subconsciente es una parte de la Mente Universal, y una parte debe ser de la misma clase y calidad que el Todo; la única diferencia es de grado. Como sabemos, el Todo es creativo, de hecho, es el único creador que existe. Por lo tanto, encontramos que la mente es creativa, y dado que el pensamiento es la única actividad que la mente posee, el pensamiento debe ser necesariamente creativo.

28. Sin embargo, notaremos una gran diferencia entre simplemente pensar o dirigir nuestros pensamientos de manera consciente, sistemática y constructiva. Cuando realizamos esta última acción, alineamos nuestra mente con la Mente Universal, nos sintonizamos con lo Infinito y ponemos en marcha la fuerza más poderosa que existe: el poder creativo de la Mente Universal. Esto, como todo lo demás, está regido por la ley natural, que es la "Ley de la Atracción". Esto significa que la mente es creativa y automáticamente se correlacionará con su objeto, llevándolo a la manifestación.

29. En la lección anterior, te proporcioné un ejercicio con el propósito de lograr el control sobre tu cuerpo físico. Si has logrado esto, estás listo para avanzar. En esta ocasión, comenzarás a entrenar el control de tu pensamiento. Si es posible, utiliza siempre la misma habitación, la misma silla y la misma posición. En algunas ocasiones, puede que no puedas utilizar la misma habitación, en ese caso, simplemente adapta las condiciones disponibles. Ahora, permanece quieto como lo hiciste anteriormente, pero inhibe todo pensamiento. Esto te permitirá tomar control sobre los pensamientos de preocupación y miedo, y te capacitará para mantener únicamente el tipo de pensamientos que deseas. Continúa con este ejercicio hasta que alcances una maestría completa en ello.

30. No serás capaz de hacer esto por más que unos breves momentos al principio, pero este ejercicio es valioso porque te mostrará de manera práctica la gran cantidad de pensamientos que constantemente intentan acceder a tu mundo mental.

31. En la próxima lección recibirás instrucciones para un ejercicio que puede ser un poco más interesante, pero es necesario que domines este primero.

> *Causa y efecto son tan absolutos e inquebrantables en el reino oculto del pensamiento como en el mundo de cosas visibles y materiales. La mente es la tejedora maestra, tanto de la prenda interna del carácter como de la prenda externa de las circunstancias"*
>
> —*James Allen.*

LECCIÓN 2

PREGUNTAS Y RESPUESTAS

¿Cuáles son las dos formas de actividad mental?
Las dos formas de actividad mental son consciente y subconsciente.

¿De qué dependen la naturalidad y la perfección?
La naturalidad y perfección dependen completamente del grado en que dejemos de depender de la mente consciente.

¿Cuál es el valor del subconsciente?
El subconsciente es de inmenso valor ya que nos proporciona guía, advertencias, regula los procesos vitales y actúa como el depositario de nuestra memoria.

¿Cuáles son algunas de las funciones de la mente consciente?
La mente consciente se encarga del discernimiento y razonamiento, es el núcleo de la voluntad y tiene la capacidad de impresionar al subconsciente.

¿Cómo se puede expresar la diferencia entre el consciente y el subconsciente?
La mente consciente se dedica al razonamiento voluntario, mientras que la subconsciente se basa en deseos instintivos, que son reflejo de razonamientos voluntarios previos.

¿Qué método es necesario para impresionar el subconsciente?
Es necesario declarar mentalmente lo que se desea.

¿Cuál será el resultado?

Si nuestro deseo está en armonía con el movimiento de avance del Gran Todo, se pondrán en funcionamiento fuerzas que producirán el resultado.

¿Cuál es el resultado de la operación de esta ley?

Nuestro entorno refleja las condiciones que corresponden a la actitud mental predominante que mantenemos.

¿Qué nombre se le ha dado a esta ley?

La Ley de Atracción.

¿Cómo se establece la ley?

El pensamiento es una energía creativa y se correlacionará automáticamente con su objeto y lo traerá a manifestación

LECCIÓN 3

INTRODUCCIÓN

Habrás descubierto que lo Individual puede actuar en lo Universal, y que el resultado de esta acción e interacción es causa y efecto. Por lo tanto, el pensamiento es la causa y las experiencias con las que te encuentras en la vida son el efecto. Entonces, debes eliminar cualquier posible tendencia a quejarte de cómo han sido las condiciones, o cómo son, porque depende de ti cambiarlas y hacerlas como deseas que sean.

Enfoca tus esfuerzos en reconocer los recursos mentales siempre a tu disposición, de los cuales proviene todo el poder real y duradero.

Persiste en esta práctica hasta que comprendas que no puede haber fracaso en la consecución de ningún objetivo en la vida si entiendes tu poder y perseveras en tu objetivo. Las fuerzas mentales siempre están listas para obedecer a una voluntad decidida en el esfuerzo por convertir pensamientos y deseos en acciones, eventos y condiciones.

Dado que el principio de cada función de vida y cada acción es el resultado del pensamiento consciente, las acciones habituales se vuelven automáticas y el pensamiento que las controla pasa al reino del subconsciente; sin embargo, sigue siendo tan inteligente como antes. Es necesario que se vuelva automático o subconsciente para que la mente consciente pueda ocuparse de otras cosas. Aun así, las nuevas acciones, a su vez, se vuelven habituales, luego automáticas, luego subconscientes, para que la mente vuelva a ser liberada de este detalle y pueda dedicarse a otras actividades.

Cuando comprendas esto, habrás encontrado una fuente de poder que te permitirá afrontar cualquier situación que se presente en la vida.

LECCIÓN 3

RECONOCIENDO TUS RECURSOS MENTALES

1. La necesaria interacción de la mente consciente y subconsciente requiere una interacción similar en los sistemas nerviosos correspondientes. El distinguido científico mental, el juez Thomas Troward, describe el hermoso método en el que se lleva a cabo esta interacción. Él afirma: "El sistema cerebro-espinal es el órgano de la mente consciente, mientras que el sistema simpático es el órgano del subconsciente. El sistema cerebro-espinal es el canal a través del cual recibimos percepciones conscientes de los sentidos físicos y ejercemos control sobre los movimientos del cuerpo. Este sistema nervioso tiene su centro en el cerebro".

2. El sistema simpático tiene su centro en una masa ganglionar en la parte posterior del estómago conocida como el Plexo Solar, y es el canal a través del cual opera esa acción mental que de manera inconsciente mantiene las funciones vitales del cuerpo.

3. La conexión entre ambos sistemas se establece mediante el nervio vago, que se origina en la región cerebral como parte del sistema voluntario. Luego, se extiende hacia el tórax, enviando ramificaciones al corazón y los pulmones. Finalmente, atraviesa el diafragma, pierde su revestimiento exterior y se fusiona con los nervios del sistema simpático, creando así una conexión entre ambos sistemas y convirtiendo al ser humano físicamente en una "entidad única".

4. Hemos visto que cada pensamiento es recibido por el cerebro, que es el órgano de la mente consciente y está sujeto a nuestro poder de razonamiento. Una vez que la mente consciente ha

determinado que un pensamiento es veraz, lo envía al Plexo Solar o cerebro de la mente subjetiva para que tome forma y se manifieste en el mundo como una realidad. A partir de este punto, ya no es susceptible a ningún tipo de argumento. La mente subconsciente no debate; simplemente actúa y acepta las conclusiones de la mente consciente como definitivas.

5. El Plexo Solar ha sido comparado con el sol del cuerpo porque funciona como un centro de distribución de la energía que el cuerpo genera constantemente. Esta energía es completamente real, al igual que el sol, y se distribuye a través de nervios reales a todas las partes del cuerpo, liberándose en la atmósfera que rodea al cuerpo.

6. Cuando esta radiación es lo suficientemente intensa, la persona se describe como magnética y se dice que posee un gran magnetismo personal. Una persona así puede canalizar un inmenso poder para el bien. A menudo, su mera presencia brinda consuelo a las mentes preocupadas con las que entra en contacto.

7. Cuando el Plexo Solar está en pleno funcionamiento, irradia vida, energía y vitalidad a cada parte del cuerpo y a todo lo que encuentra. Las sensaciones son placenteras, el cuerpo se llena de salud y todos los que tienen contacto con esta persona experimentan una sensación agradable.

8. Cuando esta radiación se interrumpe, se experimentan sensaciones desagradables, se detiene el flujo de vida y energía hacia ciertas partes del cuerpo. Esta es la causa de todo mal en la raza humana, físico, mental o de entorno.

LECCIÓN 3

9. Esto se manifiesta como enfermedades físicas, debido a que el sol del cuerpo no está generando suficiente energía para vitalizar ciertas áreas del cuerpo; problemas mentales, ya que la mente consciente depende de la mente subconsciente para obtener la vitalidad necesaria para mantener sus pensamientos; y problemas en el entorno, porque la conexión entre la mente subconsciente y la Mente Universal se ve interrumpida.

10. El Plexo Solar es el punto en el que lo individual se encuentra con lo Universal, donde lo finito se convierte en Infinito, donde lo no creado toma forma, lo Universal se vuelve individual y lo Invisible se hace visible. Es el punto en el que la vida emerge, y no hay límite para la cantidad de vida que un individuo puede generar desde este centro Solar.

11. Este centro de energía es Omnipotente porque es el punto de contacto con toda vida y toda inteligencia. Por lo tanto, puede llevar a cabo todo lo que se le ordena, y en eso radica el poder de la mente consciente. El subconsciente llevará a cabo los planes e ideas sugeridos por la mente consciente.

12. Entonces, el pensamiento consciente actúa como el maestro de este centro solar, del cual fluye la vida y la energía hacia todo el cuerpo. La calidad de los pensamientos que sostenemos determina la calidad de los pensamientos que este sol irradiará. Además, el carácter de los pensamientos que nuestra mente consciente mantiene influirá en el tipo de pensamientos que este sol proyectará, y la naturaleza de los pensamientos que nuestra mente consciente cultiva determinará la naturaleza de la experiencia que resultará.

13. Es evidente, por lo tanto, que todo lo que debemos hacer es permitir que nuestra luz brille. Cuanta más energía podamos irradiar, más rápidamente podremos transformar las condiciones indeseables en fuentes de placer y beneficio. La pregunta importante es: ¿Cómo permitir que esta luz brille? ¿Cómo generar esta energía?

14. El pensamiento de 'no resistencia' expande el Plexo Solar, mientras que el pensamiento de resistencia lo contrae. Los pensamientos agradables lo expanden, y los pensamientos desagradables lo contraen. Los pensamientos de coraje, poder, confianza y esperanza generan un estado correspondiente en el Plexo Solar. Sin embargo, el mayor enemigo del Plexo Solar, que debe ser completamente eliminado antes de que exista alguna posibilidad de permitir que la luz brille, es el miedo. Este enemigo debe ser erradicado por completo y expulsado para siempre, ya que es la nube que oculta el sol y causa una penumbra perpetua.

15. Este demonio personal es el que provoca que las personas teman al pasado, al presente y al futuro; que teman a sí mismas, a sus amigos y a sus enemigos; que teman todo y a todos. Cuando el miedo sea efectiva y completamente destruido, tu luz brillará, las nubes se dispersarán y habrás encontrado la fuente del poder, la energía y la vida.

16. Cuando te des cuenta de que eres realmente uno con el poder Infinito y puedas reconocer conscientemente este poder a través de una demostración práctica de tu capacidad para superar cualquier condición adversa mediante el poder de tu pensamiento, no tendrás nada que temer; el miedo habrá sido destruido y habrás reclamado tu legado.

LECCIÓN 3

17. Es nuestra actitud mental hacia la vida la que determina las experiencias que encontramos. Si no esperamos nada, no obtendremos nada; si demandamos mucho, recibiremos una porción más grande. El mundo es difícil solo para aquellos que no pueden mantenerse firmes. Las críticas del mundo son amargas solo para aquellos que no pueden reclamar un espacio para sus ideas. El miedo a estas críticas es la razón por la cual muchas ideas no ven la luz.

18. Sin embargo, el individuo que sabe que tiene un Plexo Solar no temerá a la crítica ni a nada; estará demasiado ocupado irradiando coraje, confianza y poder. Por su actitud mental, anticipará el éxito y saltará sobre el abismo de la duda y la indecisión, derribando las barreras que el miedo ha puesto en su camino.

19. El conocimiento de nuestra capacidad para irradiar conscientemente salud, fuerza y armonía nos dará la comprensión de que no hay nada que temer, porque estamos en contacto con la Fuerza Infinita.

20. Este conocimiento solo se adquiere a través de la aplicación práctica de esta información. Aprendemos haciendo, al igual que un atleta se vuelve poderoso a través de la práctica.

21. La siguiente declaración es de suma importancia, así que la expresaré de varias formas para asegurarme de que comprendas su significado completo. Si tienes una inclinación religiosa, yo diría que puedes dejar que tu luz brille. Si tu mente tiene tendencia hacia la ciencia física, yo diría que puedes despertar tu

Plexo Solar o, si prefieres la interpretación estrictamente científica, diría que puedes impresionar tu mente subconsciente.

22. Ya te he explicado cuál será el resultado de esta impresión. Ahora te interesa conocer el método. Has aprendido que el subconsciente es inteligente, creativo y receptivo a la voluntad de la mente consciente. Entonces, ¿cuál es la forma más natural de hacer la impresión deseada? La respuesta es sencilla: concéntrate mentalmente en el objeto de tu deseo. Cuando te concentras, estás haciendo una impresión en el subconsciente.

23. Esta no es la única forma, pero es la más simple, efectiva y directa. Por lo tanto, es el método que produce los mejores resultados y está dando lugar a resultados tan extraordinarios que muchos los consideran milagrosos.

24. Este método es el que ha permitido a cada gran inventor, financiero y estadista convertir la sutil e invisible fuerza del deseo, la fe y la confianza en hechos reales, tangibles y concretos en el mundo objetivo.

25. La mente subconsciente forma parte de la mente Universal. La mente Universal es el principio creativo del Universo. Una parte debe ser esencialmente igual al todo en términos de esencia y cualidad. Esto significa que este poder creativo es absolutamente ilimitado; no está restringido por precedentes de ningún tipo y, por lo tanto, no se rige por ningún patrón previo para aplicar su principio constructivo.

26. Hemos observado que la mente subconsciente responde a nuestra voluntad consciente, lo que implica que el poder creativo

LECCIÓN 3

ilimitado de la Mente Universal está bajo el control de la mente consciente del individuo.

27. Al aplicar este principio en la práctica, de acuerdo con los ejercicios proporcionados en las lecciones anteriores, recuerda que no es necesario que determines el método mediante el cual el subconsciente producirá los resultados que deseas. Lo finito no puede informar a lo Infinito. Simplemente debes expresar lo que deseas, no cómo debes obtenerlo.

28. Tú eres el canal a través del cual lo indiferenciado se vuelve diferenciado, y esta diferenciación se logra mediante la apropiación. Solo se requiere el reconocimiento para poner en marcha las causas que generarán un resultado de acuerdo con tu deseo, ya que lo Universal solo puede actuar a través de lo individual y lo individual solo puede actuar a través de lo Universal; son uno.

29. Para tu ejercicio de esta semana, te pido que vayas un paso más allá. Quiero que no solo permanezcas completamente inmóvil, inhibiendo todos los pensamientos tanto como puedas, sino que también te relajes. Deja ir, permite que tus músculos vuelvan a su estado natural; esto eliminará cualquier presión en los nervios y aliviará esa tensión que a menudo conduce al agotamiento físico.

30. La relajación física es un ejercicio que puedes hacer a voluntad, y descubrirás que es de gran valor, ya que permite que la sangre circule libremente entre el cerebro y el cuerpo.

31. La tensión conduce a la inquietud y a una actividad mental anormal; provoca preocupación, aflicción, miedo y ansiedad. La relajación es absolutamente necesaria para permitir que las facultades mentales funcionen con la máxima libertad.

32. Realiza este ejercicio de relajación de manera completa y concéntrate en relajar cada músculo y nervio hasta que sientas una profunda tranquilidad y paz contigo mismo y con el mundo. En ese momento, el Plexo Solar estará listo para funcionar y te sorprenderá el resultado.

LECCIÓN 3

PREGUNTAS Y RESPUESTAS

Cuál sistema nervioso es el órgano de la mente consciente?
El Sistema Cerebro-Espinal.

¿Cuál sistema nervioso es el órgano de la mente subconsciente?
El Sistema Simpático.

¿Cuál es el punto central de distribución para la energía que el cuerpo genera constantemente?
El Plexo Solar.

¿Cómo se puede interrumpir esta distribución?
Por pensamientos de resistencia, críticos y discordantes, pero especialmente por el miedo.

¿Cuál es el resultado de tal interrupción?
Toda enfermedad que aflige a la raza humana.

¿Cómo se puede controlar y dirigir esta energía?
Con el pensamiento consciente.

¿Cómo puede ser eliminado completamente el miedo?
Con la comprensión y reconocimiento de la verdadera fuente de todo poder —Dios.

IV

LECCIÓN 4

INTRODUCCIÓN

A continuación, presento la Lección Cuatro. Esta lección te mostrará por qué lo que piensas, haces o sientes son un indicio de lo que eres.

El pensamiento es energía y la energía es poder. Debido a que muchas religiones, ciencias y filosofías que el mundo ha conocido hasta ahora se han centrado en la manifestación de esta energía en lugar de la energía misma, es que el mundo ha estado enfocado en los efectos, mientras que las causas han sido pasadas por alto o malentendidas.

Por esta razón, encontramos conceptos como Dios y el Diablo en la religión, positivo y negativo en la ciencia, y bueno y malo en la filosofía.

La Llave Maestra invierte este proceso y se interesa solo en las causas. Las cartas recibidas de los estudiantes cuentan historias maravillosas; indican de manera concluyente que esos estudiantes están descubriendo las causas con las cuales pueden asegurarse por sí mismos salud, armonía, abundancia y cualquier cosa necesaria para su bienestar y felicidad.

La vida es expresión, y nuestra tarea es expresarla de manera armoniosa y constructiva. Dolor, miseria, desdicha, enfermedad y pobreza no son necesarios, y continuamente los estamos eliminando. Pero este proceso de eliminación consiste en elevarnos por encima y más allá de cualquier limitación. Quien haya fortalecido y purificado su pensamiento no necesita preocuparse por los microbios; quien haya comprendido la ley de la abundancia irá directamente a la fuente del suministro. De esta manera, la suerte, la fortuna y el destino serán controlados con tanta facilidad como un capitán controla su barco o un maquinista su tren.

LECCIÓN 4

PENSAMIENTO Y PODER

1. Tu "Yo" no es el cuerpo físico; este es simplemente un instrumento que el "Yo" utiliza para llevar a cabo sus propósitos. El "Yo" tampoco puede ser la mente, ya que la mente es simplemente otro instrumento que el "Yo" utiliza para pensar, razonar y planificar.

2. El "Yo" debe ser algo que controla y dirige tanto el cuerpo como la mente, algo que determina lo que harán y cómo actuarán. Cuando llegues a comprender la verdadera naturaleza de este "Yo", experimentarás una sensación de poder que nunca antes habías experimentado.

3. Tu personalidad se compone de innumerables características individuales, peculiaridades, hábitos y rasgos de carácter; estos son el resultado de tu antigua forma de pensar, pero no tienen nada que ver con el verdadero "Yo".

4. Cuando dices "Yo pienso", el "Yo" le indica a la mente lo que debe pensar; cuando dices "Yo voy", el "Yo" le indica al cuerpo físico a dónde debe dirigirse. La verdadera naturaleza de este "Yo" es espiritual y representa la fuente del poder real que surge en hombres y mujeres cuando comprenden su verdadera naturaleza.

5. El más grande y maravilloso poder que este "Yo" ha regalado es el poder de pensar, pero pocas personas saben cómo pensar constructivamente o correctamente, en consecuencia, no logran grandes resultados. La mayoría de las personas permiten que sus pensamientos residan en propósitos egoístas, el resultado

inevitable de una mente infantil. Cuando una mente se vuelve madura, comprende que la raíz de la derrota reside en cada pensamiento egoísta.

6. Una mente entrenada comprende que cualquier transacción debe beneficiar a todas las partes involucradas, y que tratar de aprovechar la debilidad, ignorancia o necesidad de otros solo resultará en desventaja.

7. Esto se debe a que lo individual forma parte de lo Universal. Las partes no pueden estar en conflicto unas con otras; por el contrario, el bienestar de cada parte depende del reconocimiento de los intereses del todo.

8. Aquellos que reconocen este principio tienen una gran ventaja en la vida. No desperdician su energía. Pueden deshacerse fácilmente de pensamientos vagos. Pueden concentrarse rápidamente y profundamente en cualquier tema. No pierden tiempo ni recursos en cosas que no les benefician.

9. Si no has desarrollado estas habilidades, es porque hasta ahora no has hecho el esfuerzo necesario. Ahora es el momento de hacer ese esfuerzo. Los resultados que obtengas serán directamente proporcionales al esfuerzo que pongas. Una afirmación poderosa que puedes utilizar para fortalecer tu voluntad y darte cuenta de tu poder es: "Puedo ser lo que deseo ser".

10. Cada vez que repitas esta afirmación, es importante que comprendas la verdadera naturaleza de este "Yo". Si logras este entendimiento profundo, te convertirás en una fuerza invencible,

siempre y cuando tus objetivos y propósitos sean constructivos y estén en armonía con el principio creativo del Universo.

11. Utiliza esta afirmación continuamente, tanto por la mañana como por la noche, y recuérdala durante el día. Continúa haciéndolo hasta que se convierta en una parte intrínseca de ti, hasta que se convierta en un hábito.

12. Si decides comenzar algo, asegúrate de continuar hasta el final. La psicología moderna nos dice que iniciar algo y no concluirlo, o hacer una resolución y no mantenerla, forma el hábito del fracaso —absoluto y vil fracaso. Si no tienes la intención de hacer algo, no empieces; si empiezas, continúa, aunque los cielos se caigan; si decides hacer algo, hazlo; no permitas que nada ni nadie interfiera; el "Yo" en ti ha decidido, está establecido; los dados están lanzados, ya no hay discusión.

13. Si llevas a cabo esta idea, comienza por ejercer este control sobre cosas pequeñas que sepas que puedes manejar y, gradualmente, aumenta tus esfuerzos, pero bajo ninguna circunstancia permitas que nadie ni nada anule la decisión de tu "Yo". Con el tiempo, aprenderás a controlarte a ti mismo, lo cual es una habilidad valiosa. Muchas personas descubren que es más fácil controlar un reino que controlarse a sí mismas.

14. Una vez que hayas dominado el arte de controlarte a ti mismo, encontrarás el "Mundo Interno" que controla el mundo externo. Te volverás irresistible, las personas y las cosas comenzarán a responder a tus deseos casi sin esfuerzo aparente de tu parte.

15. Esto no es tan extraño ni imposible como podría parecer, si recuerdas que tu "Mundo Interno" está bajo el control de tu "Yo", y que este "Yo" es una parte o Uno con el "Yo" Infinito, que es la Energía Universal o Espíritu, llamado Dios.

16. Esto no es simplemente una declaración o teoría formulada con el propósito de confirmar o establecer una idea, sino un hecho que ha sido aceptado tanto por los mejores exponentes del pensamiento religioso como por los principales pensadores en el ámbito científico.

17. Herbert Spencer afirmó: "De todos los misterios que nos rodean, nada es más cierto que siempre estamos en presencia de una Energía Infinita y Eterna, de la cual provienen todas las cosas".

18. En un discurso dirigido a los Alumnos del Seminario Teológico de Bangor, Lyman Abbott expresó: "Estamos empezando a concebir a Dios como una presencia interior en el ser humano, en lugar de considerarlo como una fuerza externa que actúa sobre él".

19. La ciencia inicia su búsqueda y se detiene, mientras que la religión encuentra la Energía Eterna Omnipresente y sitúa el Poder que la impulsa dentro del ser humano. Este concepto no es nuevo en absoluto; la Biblia expresa exactamente la misma idea de manera clara y convincente: "¿No sabes que tú eres el templo del Dios vivo?" Aquí radica el secreto del asombroso poder creador del "Mundo Interno".

20. Superarse a uno mismo no implica despojarse de posesiones. La abnegación no es sinónimo de éxito. No podemos dar a menos

que tengamos; no podemos ser útiles a menos que seamos fuertes. El Infinito no se encuentra en bancarrota, y nosotros, como representantes del poder Infinito, tampoco debemos estarlo. Si deseamos ser de utilidad para los demás, debemos adquirir cada vez más poder, y para lograrlo, debemos compartirlo; debemos ser útiles.

21. Cuanto más damos, más recibimos; debemos convertirnos en un canal a través del cual el Universo pueda expresar su actividad. Lo Universal está constantemente tratando de manifestarse, de ser útil, y busca el canal a través del cual pueda encontrar la mayor actividad, donde pueda generar el mayor beneficio, y donde pueda prestar un mayor servicio a la humanidad.

22. Lo Universal no puede expresarse a través de ti mientras estés ocupado con tus propios planes y propósitos. Aquieta tus sentidos, busca inspiración y enfoca la actividad mental en tu interior. Vive en el reconocimiento de tu unidad con la Omnipotencia. "Las aguas profundas son tranquilas"; contempla las múltiples oportunidades a las que tienes acceso espiritualmente debido a la omnipresencia del poder.

23. Visualiza los eventos, circunstancias y condiciones que estas conexiones espirituales pueden ayudar a manifestar. Percibe el hecho de que la esencia y alma de todas las cosas es espiritual, y que lo espiritual es lo real porque es la vida de todo lo que existe. Cuando el espíritu se va, la vida se va; está muerto, ha cesado de existir.

24. Estas actividades mentales pertenecen al mundo interior, al mundo de la causa; y las condiciones y circunstancias que

resultan son el efecto. Así es como te conviertes en un creador. Este es un trabajo de gran importancia, y cuanto más elevado, más grande y más noble sea el ideal que puedas concebir, más relevante será el trabajo.

25. El exceso de trabajo, de diversión, de actividad física o de cualquier tipo, genera estados de apatía mental y estancamiento, lo que hace imposible llevar a cabo la labor más importante que resulta del reconocimiento del poder consciente. Por lo tanto, debemos buscar el silencio con frecuencia. El poder surge a través del reposo; es en el silencio donde podemos estar tranquilos, y cuando estamos tranquilos, podemos pensar, y el pensamiento es la clave de todo logro.

26. El pensamiento es un tipo de movimiento que sigue la ley de la vibración, al igual que la luz o la electricidad. Recibe vitalidad a través de las emociones según la ley del amor, adquiere forma y expresión mediante la ley del crecimiento. Es un producto del "Yo" espiritual, de ahí su naturaleza divina, espiritual y creativa.

27. Por lo tanto, es evidente que, para manifestar poder, abundancia o cualquier otro propósito constructivo, debemos invocar las emociones para que infundan sentimiento al pensamiento y le den forma. La pregunta clave aquí es: ¿cómo podemos lograr esto? Este es el punto crucial; ¿cómo podemos desarrollar la fe, el coraje y el sentimiento que conducirán al éxito?

28. La respuesta es mediante la práctica. La fortaleza mental se obtiene de la misma manera que la fuerza física, a través del ejercicio. Al principio, podemos pensar en algo con dificultad; luego, repetimos ese pensamiento una y otra vez, y se vuelve más

LECCIÓN 4

sencillo. Continuamos repitiéndolo; con el tiempo, se convierte en un hábito mental. Persistimos en pensar en lo mismo, hasta que se vuelve automático; ya no podemos evitar pensarlo; ahora estamos seguros de lo que pensamos; no hay dudas al respecto. Estamos seguros; lo sabemos.

29. En el ejercicio anterior, te pedí que te relajaras físicamente y soltaras la tensión en tu cuerpo. Si practicaste ese ejercicio durante quince o veinte minutos al día, siguiendo las instrucciones, es probable que ya hayas logrado relajarte físicamente. Cualquier persona que no pueda hacer esto conscientemente de manera rápida y completa aún no tiene el control sobre sí misma. Todavía está sujeta a las condiciones externas. Sin embargo, asumiré que has dominado ese ejercicio y estás listo para dar el siguiente paso, que es lograr la libertad mental.

30. Esta semana, después de adoptar tu posición habitual y relajarte completamente, tu objetivo será soltar mentalmente todas las condiciones adversas, como el odio, la ira, la preocupación, los celos, la envidia, la tristeza, los problemas o las decepciones de cualquier tipo.

31. Puedes decir que no puedes "soltar" estas cosas, pero sí puedes. Puedes lograrlo al determinar mentalmente hacerlo, mediante la intención y la persistencia voluntaria.

32. La razón por la que algunos no pueden lograr esto es porque permiten que sus emociones controlen en lugar de su intelecto. Sin embargo, aquellos que son guiados por la mente obtendrán la

victoria. Puede que no tengas éxito la primera vez que lo intentes, pero la práctica constante lleva a la perfección, en esto como en cualquier otra cosa. Debes aprender a expulsar, eliminar y destruir por completo esos pensamientos negativos y destructivos, ya que son la semilla que constantemente germina en condiciones discordantes de todo tipo y descripción concebible.

> No hay nada más cierto que la calidad del pensamiento que mantenemos correlaciona ciertos hechos del mundo exterior. Esta es la Ley de la cual no hay escape. Y es esta Ley, esta correlación del pensamiento con su objeto, la que desde tiempo inmemorial ha llevado a las personas a creer en una providencia especial.
>
> —Wilmans.

LECCIÓN 4

PREGUNTAS Y RESPUESTAS

¿Qué es el pensamiento?
El Pensamiento es energía espiritual.

¿Cómo es transportado?
Es transportado por la ley de la vibración.

¿Cómo se le da vitalidad?
Por la ley del amor.

¿Cómo toma forma?
Por la ley del crecimiento.

¿Cuál es el secreto de su poder creativo?
Es una actividad espiritual.

¿Cómo podemos desarrollar la fe, el valor y el entusiasmo que tendrá como resultado el éxito?
Mediante el reconocimiento de nuestra naturaleza espiritual.

¿Cuál es el secreto del Poder?
El Servicio.

¿Por qué esto es así?
Porque obtenemos lo que damos.

¿Qué es el Silencio?
Una quietud física.

¿Cuál es el valor de esto?
Es el primer paso al autocontrol, la automaestría

V

LECCIÓN 5

INTRODUCCIÓN

Adjunto encontrarás la lección Cinco. Después de estudiar esta lección cuidadosamente, verás que cada fuerza, objeto o hecho concebible es el resultado de la mente en acción. La mente en acción es pensamiento, y el pensamiento es creativo. Los seres humanos ahora están pensando como nunca antes lo hicieron. Por lo tanto, esta es una época creativa y el mundo está recompensando a sus mejores pensadores. La materia no tiene poder; es pasiva e inerte. La mente es fuerza, energía, poder. La mente da forma y controla la materia. Cada forma que toma la materia es simplemente la expresión de algún pensamiento preexistente.

Pero el pensamiento no realiza transformaciones mágicas; obedece a leyes naturales; pone en movimiento fuerzas naturales; libera energías naturales; se manifiesta en tu conducta y acciones, y estas, a su vez, reaccionan sobre tus amigos, tus conocidos y eventualmente sobre todo tu entorno. Tú puedes originar pensamientos, y dado que los pensamientos son creativos, puedes crear para ti mismo las cosas que deseas.

LA MENTE CREATIVA

1. Al menos un noventa por ciento de nuestra actividad mental es subconsciente. Por lo tanto, aquellos que no hacen uso de este poder mental viven dentro de límites muy estrechos.

2. El subconsciente tiene la capacidad y la voluntad de resolver cualquier problema por nosotros si sabemos cómo guiarlo. Los procesos subconscientes están en funcionamiento constante; la pregunta es si seremos meros receptores pasivos de esta actividad o si dirigiremos conscientemente su trabajo. ¿Tenemos una visión clara del destino que queremos alcanzar y los obstáculos que debemos evitar, o simplemente navegamos sin rumbo fijo?

3. Hemos descubierto que la mente impregna todo el cuerpo físico y siempre está dispuesta a ser influenciada por la autoridad que proviene de los objetivos o de la parte más dominante de nuestra mente.

4. La mente que impregna el cuerpo es en gran parte el resultado de la herencia que, a su vez, es simplemente el resultado del entorno de todas las generaciones pasadas sobre las fuerzas de la vida siempre receptivas y en movimiento. Comprender este hecho nos permite ejercer nuestra autoridad cuando notamos la manifestación de rasgos indeseables en nuestro carácter.

5. Podemos utilizar conscientemente todas las características deseables que se nos han proporcionado y podemos reprimir y prevenir la manifestación de las indeseables.

6. Esta mente que impregna nuestro cuerpo físico no solo es el resultado de tendencias hereditarias, sino también del entorno en

el hogar, el trabajo y la sociedad, donde hemos recibido innumerables impresiones, ideas, prejuicios y pensamientos similares. Muchas de estas influencias provienen de otras personas y son el resultado de opiniones, sugerencias o declaraciones. También, muchas de estas ideas son el producto de nuestro propio pensamiento, pero la mayoría de ellas se han aceptado sin un examen o consideración profundos.

7. Una idea que parecía aceptable fue asimilada por nuestra mente consciente y luego pasó al subconsciente, donde fue capturada por el sistema simpático y fue construida en nuestro cuerpo físico. "La palabra se hizo carne."

8. Así es como constantemente nos creamos y recreamos a nosotros mismos. Lo que somos hoy es el resultado de nuestro pensamiento pasado, y lo que seremos está determinado por lo que estamos pensando en este momento. La Ley de la Atracción no nos trae las cosas que queremos, deseamos o que otros tienen; nos trae "nuestro propio" producto, las cosas que hemos creado a través de nuestro proceso de pensamiento, ya sea consciente o inconscientemente. Lamentablemente, muchos de nosotros creamos estas cosas de manera inconsciente.

9. Si fuéramos a construir una casa para nosotros mismos, seríamos muy meticulosos con los planos, estudiaríamos cada detalle, seleccionaríamos cuidadosamente los materiales. Sin embargo, a menudo somos descuidados cuando se trata de construir nuestro Hogar Mental, que es infinitamente más importante que cualquier hogar físico, ya que todo en nuestras vidas depende en última instancia de las características del material que incorporamos en la construcción de nuestro hogar mental.

10. ¿Cuáles son las características de este material? Hemos visto que es el resultado de las impresiones acumuladas en el pasado y almacenadas en lo más profundo de nuestra mente subconsciente. Si estas impresiones han sido de miedo, preocupación, inquietud y ansiedad, o si han sido desalentadoras, negativas e inseguras, entonces el material que estamos tejiendo hoy tendrá la misma textura negativa. En lugar de ser valioso, estará deteriorado y dañado, y solo nos traerá más fatiga, preocupación y ansiedad. Pasaremos nuestro tiempo tratando de arreglarlo y hacer que parezca presentable.

11. Sin embargo, si hemos almacenado principalmente pensamientos de coraje, si hemos sido optimistas y positivos, y hemos desechado de inmediato cualquier pensamiento negativo, si hemos rechazado asociarnos de alguna manera con él, ¿cuál es el resultado? Nuestro material mental ahora es de la mejor calidad; podemos tejer cualquier tipo de material que deseemos; podemos elegir los colores que queremos; sabemos que la textura es firme y que el material es sólido; no se desvanecerá con el tiempo; no tenemos miedo ni ansiedad por el futuro; no hay nada que cubrir, no hay parches que ocultar.

12. Estos son hechos psicológicos; no se trata de teorías o suposiciones sobre estos procesos de pensamiento; no hay nada secreto en ellos; de hecho, son tan simples que cualquiera puede entenderlos. Lo que debemos hacer es llevar a cabo una limpieza constante de nuestra casa mental, hacer esta limpieza todos los días y mantener la casa limpia. Limpieza mental, moral y física son absolutamente indispensables si queremos progresar.

13. Cuando este proceso de limpieza de la casa mental esté completo, el material que quede será adecuado para crear los ideales o imágenes mentales que deseamos manifestar.

14. Hay una magnífica propiedad esperando ser reclamada. Con extensas hectáreas, cosechas abundantes, agua fresca y madera de calidad, se extiende más allá de lo que la vista alcanza. Hay una mansión espaciosa y acogedora con obras de arte impresionantes, una biblioteca completa, lujosas cortinas y todas las comodidades imaginables. Todo lo que los herederos tienen que hacer es afirmar su derecho, tomar posesión y utilizar la propiedad. Deben usarla; no pueden permitir que caiga en el abandono; usarla es la condición que deben cumplir. Dejarla en desuso es perder la posesión.

15. esta propiedad te pertenece. ¡Tú eres el heredero! Puedes reclamar tu herencia y poseerla, utilizar esta rica herencia. Uno de sus frutos es el poder sobre las circunstancias; la salud, la armonía y la prosperidad son activos en tu hoja de balance. Te ofrece equilibrio y paz. Solo te costará el esfuerzo de estudiar y cosechar sus vastos recursos. No requiere sacrificios, excepto dejar atrás tus limitaciones, tu servidumbre y tu debilidad. Te reviste de honor y coloca un cetro en tus manos.

16. Para alcanzar este estado, son necesarios tres procesos:
    Debes desearlo sinceramente.
    Debes confirmar tu reclamación.
    Debes tomar posesión.

17. Reconoce que estas no son condiciones difíciles.

18. Estás familiarizado con el concepto de herencia. Darwin, Huxley, Haeckel y otros científicos físicos han acumulado montañas de evidencia que respaldan la idea de la herencia como una ley que rige la creación progresiva. Es la herencia progresiva la que otorga al ser humano su postura erguida, su capacidad de movimiento, los órganos digestivos, la circulación sanguínea, la fuerza nerviosa, la masa muscular, la estructura ósea y muchas otras facultades en el aspecto físico. Existen hechos igualmente asombrosos sobre la herencia de la fuerza mental. Todo esto constituye lo que podríamos denominar tu herencia humana.

19. Sin embargo, existe una herencia que los científicos físicos no han logrado identificar. Se encuentra por debajo y precede a todas sus investigaciones. Llega a un punto en el que levantan las manos en señal de desconcierto, admitiendo que no pueden explicar lo que observan. Esta herencia divina reside en un ámbito superior.

20. Es la fuerza benigna que rige la creación primordial. Es una emoción que proviene de lo Divino y se extiende a todos los seres creados. Da origen a la vida, algo que el científico físico no ha logrado hacer ni podrá hacer. Se alza por encima de todas las fuerzas, siendo suprema e inalcanzable. Ninguna herencia humana puede igualarla. Ninguna herencia humana se le asemeja.

21. Esta Vida Infinita fluye a través de ti; es parte de ti. Sus puertas son simplemente las facultades que componen tu conciencia. Mantener estas puertas abiertas es la clave del poder. ¿No vale la pena el esfuerzo?

22. El hecho fundamental es que la fuente de toda vida y poder reside dentro de ti. Si bien las personas, las circunstancias y los

eventos pueden indicar necesidades y oportunidades, la visión, la fuerza y el poder para responder a estas necesidades se encuentran en tu interior.

23. Evita las imitaciones. Construye una base sólida para tu conciencia en las fuerzas que fluyen directamente de la fuente infinita, la Mente Universal, de la cual eres imagen y semejanza.

24. Aquellos que han tomado posesión de esta herencia nunca vuelven a ser los mismos. Han descubierto un sentido de poder que nunca habían imaginado. Ya no son tímidos, débiles, vacilantes o temerosos. Están inextricablemente conectados con la Omnipotencia. Algo en ellos se ha despertado; han descubierto de repente que poseen una enorme capacidad latente de la cual eran totalmente inconscientes.

25. Este poder es interno, pero no podemos recibirlo a menos que lo compartamos. Utilizarlo es la condición para mantener esta herencia. Cada uno de nosotros es un canal a través del cual el poder Omnipotente se manifiesta en forma; si no damos, el canal se obstruye y no podemos recibir más. Esto es cierto en cada plano de la existencia, en cada campo de trabajo y en todos los aspectos de la vida. Cuanto más damos, más recibimos. Un atleta que desea ser fuerte debe ejercitar la fuerza que ya posee, y cuanto más lo hace, más fuerte se vuelve. Un financiero que busca ganar más dinero debe invertir el dinero que tiene, ya que solo al usarlo puede aumentar sus ganancias.

26. El comerciante que no permite que sus productos salgan al mercado pronto se quedará sin espacio para nuevos ingresos; la empresa que no brinda un servicio eficiente pronto perderá a sus clientes; el abogado que no obtiene resultados pronto se quedará

sin clientes, y así sucede en todas partes. El poder depende del uso adecuado del poder que ya poseemos. Esto es válido en todas las áreas de trabajo y en todas las experiencias de la vida. Es la verdad fundamental del poder, del cual se origina cualquier otro poder conocido entre los seres humanos: el poder espiritual. Si quitamos el espíritu, ¿qué nos queda? Nada.

27. Entonces, dado que el Espíritu es todo lo que existe, la capacidad para demostrar todo tipo de poder, ya sea físico, mental o espiritual, dependerá de reconocer este hecho.

28. Toda posesión es el resultado de la actitud mental acumulada o de la conciencia de la abundancia. Esta actitud es la varita mágica que te permitirá recibir ideas y elaborar planes para llevarlos a cabo. Encontrarás satisfacción tanto en la planificación como en la ejecución, así como en el logro y el éxito.

29. Ahora, ve a tu habitación, siéntate en la misma silla y posición que has estado utilizando hasta ahora, y mentalmente elige un lugar que te resulte agradable. Crea una imagen mental completa de ese lugar, visualiza los edificios, los jardines, los árboles, a amigos y conocidos, todo con detalle. Al principio, es posible que tu mente se distraiga pensando en todo lo que existe bajo el sol, excepto en la idea en la que deseas concentrarte. Pero no te desanimes. La persistencia es la clave del éxito, y para lograrlo, debes practicar estos ejercicios todos los días sin falta.

LECCIÓN 5

PREGUNTAS Y RESPUESTAS

¿Qué proporción de nuestra vida mental es subconsciente?
Por lo menos el noventa por ciento de nuestra vida mental es subcosnciente.

¿Este vasto almacén mental es generalmente utilizado?
No.

¿Por qué no?
Porque pocos entienden o aprecian el hecho de que es una actividad que pueden dirigir conscientemente.

¿De dónde ha recibido la mente consciente sus tendencias a gobernar?
De la herencia, lo que significa que es el resultado de todos los entornos de todas las generaciones pasadas.

¿Qué nos está trayendo la ley de la atracción?
"Lo Nuestro."

¿Qué es "lo Nuestro"?
Lo que somos inherentemente, es decir, el resultado de nuestro pensamiento pasado, consciente y subconsciente.

¿De qué está hecho el material con el cual construimos nuestro hogar mental?
De los pensamientos que mantenemos.

¿Cuál es el secreto del poder?
El reconocimiento de la omnipresencia de la omnipotencia.

¿Dónde se origina?
Toda vida y todo poder se origina en el interior.

¿Sobre qué está condicionada la posesión del poder?
Sobre un uso apropiado del poder que ya está en nuestra posesión.

VI

LECCIÓN 6

INTRODUCCIÓN

Es mi privilegio presentar la Lección Seis. Esta parte te proporcionará un excelente entendimiento del más maravilloso mecanismo jamás creado. Un mecanismo con el cual puedes crear para ti mismo Salud, Fuerza, Éxito, Prosperidad o cualquier otra condición que desees.

Las necesidades son demandas, las demandas crean acción y las acciones producen resultados. El proceso de evolución está constantemente construyendo nuestro mañana desde el hoy. El desarrollo individual, al igual que el desarrollo Universal, debe ser gradual, con una capacidad y un volumen siempre crecientes.

Saber que infringir los derechos de los demás nos afecta moralmente y nos trae dificultades a cada momento debería ser una señal de que el éxito está condicionado al ideal más alto, que es: "el mayor bien para la mayoría". La aspiración, el deseo y las relaciones armoniosas mantenidas constantemente y persistentemente lograrán resultados. El mayor obstáculo es el apego a ideas erróneas. Para estar en sintonía con la verdad eterna, debemos tener serenidad y armonía interior. Para recibir inteligencia, el receptor debe estar sintonizado con el transmisor.

El pensamiento es producto de la Mente y la Mente es creativa, pero esto no significa que lo Universal cambiará su modus operandi para adaptarse a nosotros o a nuestras ideas. Significa que podemos llegar a estar en relación armoniosa con lo Universal, y cuando lo hayamos logrado, podemos pedir cualquier cosa a la que tengamos derecho y esta simplemente se hará.

LECCIÓN 6

PENSAMIENTO, ACCIÓN Y EFECTO

1. La Mente Universal es tan asombrosa que resulta difícil comprender plenamente sus poderes y las inmensas posibilidades que ofrece, así como sus efectos productivos ilimitados.

2. Hemos llegado a entender que esta Mente no es solamente toda la inteligencia, sino también es toda la sustancia. Entonces, ¿cómo se manifiesta en formas específicas? ¿Cómo podemos garantizar el resultado deseado?.

3. Si preguntas a un electricista cuál es el efecto de la electricidad, te responderá que "la electricidad es una forma de energía y su efecto depende del dispositivo al que se conecta". Este dispositivo determinará si obtendremos calor, luz, fuerza, música u otra increíble demostración de potencia, según cómo se aplique esta esencial energía.

4. ¿Qué efecto puede producir el pensamiento? La respuesta es que el pensamiento es la mente en acción (como el viento es el aire en movimiento), y su efecto dependerá por completo del "dispositivo al que esté conectado".

5. Aquí, entonces, radica el secreto de todo poder mental: depende por completo del dispositivo al que lo vinculemos.

6. ¿Cuál es este dispositivo? Seguramente, conoces algo sobre los dispositivos inventados por genios como Edison, Bell, Marconi y otros sabios de la electricidad, por los cuales nuestra percepción de lugar, espacio y tiempo se convirtieron únicamente en una forma de hablar. Pero, ¿alguna vez te has detenido a pensar que el dispositivo que se te ha otorgado para transformar el Poder

Potencial Universal y Omnipresente fue inventado por un genio aún mayor que Edison?

7. Estamos acostumbrados a examinar y comprender los dispositivos que utilizamos para cultivar la tierra, y tratamos de obtener una comprensión del mecanismo del automóvil que conducimos, pero la mayoría de nosotros se conforma con permanecer en absoluta ignorancia acerca del dispositivo más grandioso que jamás haya existido: el cerebro humano.

8. Analicemos las maravillas de este dispositivo. Al hacerlo, quizás podamos comprender mejor los diversos efectos que es capaz de causar.

9. En primer lugar, existe el vasto mundo mental en el que vivimos, nos movemos y tenemos nuestro ser. Este mundo es omnipotente, omnisciente y omnipresente. Responderá a nuestros deseos en proporción directa a nuestra intención y fe. Nuestra intención debe estar en armonía con las leyes de nuestro ser, es decir, debe ser creativa y constructiva. Nuestra fe debe ser lo suficientemente sólida como para generar una corriente con la fuerza necesaria para llevar nuestra intención a la manifestación. "Hágase, según tu fe," lleva consigo el sello de la prueba científica.

10. Los efectos que se manifiestan en el mundo exterior son el resultado de la acción y reacción del individuo sobre lo Universal. A este proceso lo llamamos pensamiento, y el cerebro es el órgano a través del cual se lleva a cabo. ¡Piensa en la maravilla de esto! ¿Amas la música, las flores, la literatura, o te inspira el pensamiento de genios antiguos o modernos? Recuerda que cada forma de belleza que aprecias debe tener una

contraparte correspondiente en tu cerebro antes de que puedas experimentarla plenamente.

11. No existe ninguna virtud o principio en el vasto almacén de la naturaleza que el cerebro no pueda expresar. El cerebro es como un mundo en estado embrionario, listo para desarrollarse en el momento que sea necesario. Si puedes comprender que esto es una verdad científica y una de las maravillosas leyes de la naturaleza, te resultará más sencillo entender el mecanismo mediante el cual se logran estos resultados extraordinarios.

12. El sistema nervioso ha sido comparado con un circuito eléctrico con su batería de celdas donde se origina la fuerza, y la materia blanca se compara a los cables aislados por los cuales fluye la corriente. A través de estos canales, cada impulso o deseo se traslada a través del mecanismo.

13. La médula espinal es el gran motor y la vía sensorial por la cual los mensajes se envían hacia y desde el cerebro. Además, el flujo sanguíneo que circula por las venas y arterias renueva nuestra energía y fuerza. La estructura perfectamente organizada sobre la cual descansa todo el cuerpo físico y, por último, la hermosa y delicada piel que cubre todo el mecanismo, actúa como un manto de belleza.

14. Este conjunto es el "Templo de Dios" y es donde el "Yo" individual tiene control, y los resultados dependen de su comprensión sobre el mecanismo que está bajo su dominio.

15. Cada pensamiento activa las células del cerebro. Al principio, la sustancia a la que se dirige el pensamiento puede no responder, pero si el pensamiento es suficientemente refinado y

concentrado, la sustancia finalmente responde y se expresa perfectamente.

16. Esta influencia de la mente puede ejercerse sobre cualquier parte del cuerpo, lo que permite eliminar cualquier efecto indeseado.

17. Una concepción y comprensión perfectas de las leyes que rigen el mundo mental son de un valor incalculable en el mundo de los negocios, ya que desarrollan el poder de discernimiento y proporcionan una comprensión y apreciación más claras de los hechos.

18. Aquel que busca dentro de sí mismo en lugar de en el exterior puede aprovechar las poderosas fuerzas que finalmente determinarán su curso en la vida y lo llevarán a una sintonía con todo lo mejor, más fuerte y más deseable.

19. La atención o concentración es probablemente la habilidad más fundamental y crucial en el desarrollo de la cultura mental. Las posibilidades de la atención, cuando se dirigen adecuadamente, son tan asombrosas que parecerían inverosímiles para aquellos que no están familiarizados con ellas. El cultivo de la atención es la característica distintiva de cada hombre o mujer exitoso y constituye el logro personal más grande que se puede alcanzar.

20. El poder de la atención se puede entender mejor al compararlo con una lupa en la que se concentran los rayos del sol. Los rayos no poseen una fuerza particular cuando el cristal se mueve y los rayos se dirigen de un lugar a otro. Pero si permites que el cristal permanezca perfectamente quieto y concentres los

LECCIÓN 6

rayos en un punto durante un tiempo, el efecto será inmediatamente evidente.

21. El poder del pensamiento funciona de manera similar; si permites que el poder se disipe al dirigir el pensamiento de un objeto a otro constantemente, no verás resultados aparentes. Sin embargo, si enfocas este poder mediante la atención o concentración en un solo propósito durante un tiempo, nada será imposible.

22. Algunos podrían considerarlo un remedio muy simple para una situación muy compleja. Bien, inténtalo tú mismo si nunca has tenido experiencia en concentrar tu pensamiento en un propósito u objeto definido. Elige cualquier objeto y concéntrate en él con un propósito claro, aunque solo sea durante diez minutos. Puedes encontrarte con dificultades; tu mente podría divagar varias veces y tendrás que volver a centrarla en el propósito original. Cada vez que esto suceda, perderás el efecto acumulado, y al final de los diez minutos, podrías sentir que no has logrado mucho. Esto se debe a la falta de práctica en mantener tu pensamiento enfocado en el propósito.

23. Sin embargo, la práctica constante de la atención te permitirá superar cualquier obstáculo que encuentres en tu camino hacia el progreso, hacia adelante y hacia arriba. La única forma de adquirir este maravilloso poder es a través de la práctica continua; como se suele decir, "la práctica hace al maestro," y esto se aplica a la perfección de la atención, al igual que a cualquier otra habilidad.

24. Para desarrollar el poder de la atención, te invito a que traigas una fotografía contigo al mismo lugar, en la misma posición y en la misma habitación que has utilizado hasta ahora. Examina detenidamente la fotografía durante al menos diez minutos, observando todos los detalles, como la expresión de los ojos, la forma de las facciones, la ropa y cómo está peinada la persona en la imagen. Presta atención a cada detalle que puedas ver en la fotografía. Luego, cubre la fotografía y cierra los ojos, intentando verla mentalmente. Debes ser felicitado si puedes recrear con precisión todos los detalles y formar una imagen mental clara de la fotografía. Si no puedes hacerlo, repite el proceso hasta que puedas hacerlo.

25. Este paso tiene el propósito de preparar el terreno; la próxima semana estaremos listos para sembrar la semilla.

26. A través de ejercicios como este, eventualmente podrás controlar tus estados mentales, tu actitud, tu conciencia.

27. Los grandes financieros han descubierto que alejarse de la multitud les permite tener más tiempo para planificar, pensar y mantener los estados mentales adecuados.

28. Los empresarios exitosos demuestran constantemente que es beneficioso mantenerse en contacto con el pensamiento de otros empresarios exitosos.

29. Una sola idea puede valer millones de dólares, y estas ideas solo vienen a aquellos que están receptivos, preparados para recibirlas y que mantienen una mentalidad de éxito.

LECCIÓN 6

30. Las personas están aprendiendo a ponerse en armonía con la Mente Universal, están comprendiendo la unidad de todas las cosas y aplicando métodos y principios básicos de pensamiento. Esto está cambiando las condiciones y multiplicando los resultados en sus vidas.

31. Están comprendiendo que las circunstancias y el entorno son el resultado del progreso mental y espiritual. Están reconociendo que el crecimiento sigue al conocimiento, que la acción sigue a la inspiración, y que la oportunidad sigue a la percepción. Siempre lo espiritual viene primero, seguido de la transformación en infinitas e ilimitadas posibilidades de éxito.

32. Dado que cada individuo es el canal a través del cual se diferencian las fuerzas universales, estas posibilidades son verdaderamente inagotables.

33. El pensamiento es el proceso a través del cual podemos absorber el Espíritu del Poder y retener el resultado en nuestra conciencia interna hasta que se convierta en una parte integral de nuestra conciencia cotidiana. El método para lograr este resultado es mediante la práctica constante de los principios fundamentales, tal como se explica en este sistema. Esta práctica es la llave maestra que abre el almacén de la Verdad Universal.

34. Actualmente, las dos principales fuentes de sufrimiento humano son la enfermedad corporal y la ansiedad mental. Estas aflicciones a menudo son el resultado de transgredir leyes naturales. Sin duda, esto es debido al hecho de que el conocimiento hasta ahora sigue siendo parcial, pero las nubes de oscuridad que han persistido durante siglos comienzan a

disiparse, y con ellas muchas de las miserias que acompañan a la información imperfecta.

> La idea de que una persona puede cambiarse, mejorar, recrearse a sí misma, controlar su entorno y dominar su propio destino es la conclusión a la que llega cada mente que está completamente despierta al poder del pensamiento correcto en acción constructiva.
>
> —Larsen.

LECCIÓN 6

PREGUNTAS Y RESPUESTAS

¿Cuáles son algunos efectos que se pueden producir con la electricidad?
Calor, luz, energía, música.

¿De qué dependen estos efectos?
Del dispositivo al cual se conecta la electricidad.

¿Cuál es el resultado de la acción e interacción de la mente individual sobre la Universal?
Las situaciones y experiencias con las que nos encontramos.

¿Cómo pueden cambiarse estas situaciones?
Cambiando el dispositivo por el cual lo Universal es diferenciado en forma.

¿Cuál es este dispositivo?
El cerebro.

¿Cómo puede cambiarse?
Por el proceso que llamamos pensamiento. Los pensamientos producen células cerebrales y estas células responden al pensamiento correspondiente en lo Universal.

¿Cuál es el valor del poder de concentración?
Es la habilidad personal más grande que se puede adquirir, es la característica que distingue a cada hombre o mujer exitoso.

¿Cómo se puede adquirir?
Practicando fielmente los ejercicios en este Sistema.

¿Por qué es esto tan importante?

Porque nos permitirá controlar nuestros pensamientos y puesto que los pensamientos son la causa, las condiciones deben ser el efecto. Si podemos controlar la causa podemos también controlar el efecto.

¿Qué está cambiando las condiciones y multiplicando resultados en el mundo objetivo?

Las personas están aprendiendo el método básico del pensamiento constructivo.

LECCIÓN 7

INTRODUCCIÓN

A lo largo de todas las épocas, las personas han creído en un poder invisible mediante el cual todas las cosas han sido creadas y se recrean constantemente. Podemos personalizar este poder y llamarlo Dios, o podemos pensar en él como la esencia o espíritu que impregna todas las cosas, pero en cualquier caso, el efecto es el mismo.

En lo que respecta al individuo, lo objetivo es lo físico, lo visible, lo personal, aquello que puede ser reconocido por los sentidos. Consiste en el cuerpo, el cerebro y los nervios. Lo subjetivo es lo espiritual, lo invisible, lo impersonal.

Lo personal es consciente porque es una entidad física. Lo impersonal, siendo del mismo tipo y calidad que cualquier otro Ser, no es consciente de sí mismo; por lo tanto, se le ha denominado el subconsciente.

Lo personal, o consciente, tiene el poder de la voluntad y la elección, de modo que puede ejercer la selección en la elección de métodos para encontrar soluciones a las dificultades.

Lo impersonal, o espiritual, siendo una parte y Uno con la fuente y el origen de todo poder, no necesariamente puede ejercer tal elección, sin embargo, tiene recursos infinitos a su disposición. Puede y produce resultados mediante métodos que la mente humana o individual ni siquiera puede concebir.

Por lo tanto, verás que es tu privilegio depender de la voluntad humana con todas sus limitaciones e ideas erróneas, o puedes utilizar las potencialidades del Infinito haciendo uso de la mente subconsciente. Aquí, entonces, está la explicación científica del maravilloso poder que ha sido puesto bajo tu control, si lo comprendes, lo aprecias y lo reconoces.

En esta lección Siete, se describe un método para utilizar conscientemente este Poder Omnipotente.

LECCIÓN 7

VISUALIZACIÓN

1. La Visualización es el proceso de crear imágenes mentales. Estas imágenes sirven como moldes o modelos que se convertirán en patrones a partir de los cuales se materializará tu futuro.

2. Es importante que diseñes este patrón con claridad y belleza. No temas hacerlo grandioso, y recuerda que nadie más que tú puede imponerte limitaciones. No tienes restricciones en términos de costo o material; puedes recurrir al Infinito para tu suministro y construir en tu imaginación. De hecho, debe existir en tu mente antes de que se manifieste en cualquier otro lugar.

3. Mantén la imagen nítida y precisa en tu mente, sosteniéndola firmemente. Gradual y constantemente, acercarás el objeto deseado a tu realidad. Recuerda siempre: "Tú puedes ser lo que decides ser".

4. Este es otro hecho psicológico ampliamente conocido, pero lamentablemente, la simple lectura al respecto no producirá resultados tangibles, ni siquiera te ayudará a formar la imagen mental, y mucho menos a llevarla a la manifestación. Requiere un trabajo mental sustancial, el tipo de esfuerzo que muy pocos están dispuestos a emprender.

5. El primer paso es la idealización, de hecho, es el más crucial, ya que proporciona el plano sobre el cual construirás tu visión. Debe ser sólido y permanente. Cuando un arquitecto planea un edificio de treinta pisos, visualiza cada línea y detalle de antemano. Del mismo modo, el ingeniero que desea construir un

puente sobre un abismo primero debe calcular la fuerza necesaria en cada una de las millones de partes involucradas.

6. Al igual que ellos, debes visualizar en tu mente lo que deseas; estás plantando la semilla. Pero antes de sembrar cualquier semilla, debes saber qué cosecha esperas. Esto es lo que llamamos idealización. Si no estás seguro, dedica tiempo cada día a meditar hasta que la imagen se vuelva clara; se desarrollará gradualmente. Al principio, el plano general puede ser tenue, pero con el tiempo tomará forma. Primero, se definirán los contornos y luego los detalles. Con el tiempo, adquirirás la capacidad de formular planes que eventualmente se materializarán en el mundo objetivo. Llegarás a comprender lo que el futuro tiene reservado para ti.

7. Luego sigue el proceso de visualización. Debes ver la imagen cada vez más completa, prestando atención a los detalles. A medida que los detalles se desarrollan, también lo hacen las formas y los medios para hacer que se materialice. Todo está conectado. El pensamiento te llevará a la acción, la acción desarrollará métodos, los métodos atraerán amigos y las amistades crearán circunstancias. Finalmente, habrás completado el tercer paso: la materialización.

8. Todos reconocemos que el Universo debe haber sido concebido antes de que pudiera tomar forma material. Y si estamos dispuestos a seguir las líneas del Gran Arquitecto del Universo, veremos que nuestros pensamientos también toman forma de la misma manera en que el Universo adquirió su forma concreta. Es la misma mente operando a través de cada individuo. No existen diferencias significativas en clase o calidad; la única distinción es una cuestión de grado.

LECCIÓN 7

9. Un arquitecto visualiza su edificio, lo ve exactamente como desea que sea. Su pensamiento se convierte en un molde plástico a partir del cual el edificio finalmente se materializa, ya sea alto o bajo, hermoso o simple. Su visión cobra vida en el papel, luego se emplean los materiales necesarios y finalmente se termina la construcción.

10. Los inventores también siguen este mismo proceso de visualización. Un ejemplo destacado es Nikola Tesla, uno de los inventores más prominentes de todos los tiempos, quien introdujo avances asombrosos. Tesla siempre visualizaba sus inventos antes de comenzar a trabajar en ellos. No se apresuraba a materializarlos de inmediato y luego perder tiempo corrigiendo defectos. Desarrollaba la idea en su imaginación y la mantenía allí como una imagen mental que podía construir y perfeccionar con su pensamiento. En una ocasión, escribió en la revista "El Experimentador Eléctrico": "De esta manera, puedo desarrollar y perfeccionar rápidamente un concepto sin necesidad de intervenir físicamente. Cuando he avanzado lo suficiente para incorporar todas las mejoras posibles en mi invención y no veo defectos en ninguna parte, convierto el producto de mi mente en algo tangible. Invariablemente, mi diseño funciona tal como lo concebí; en veinte años, no ha habido una sola excepción".

11. Si puedes seguir conscientemente estas instrucciones, desarrollarás la fe, ese tipo de fe que es "la sustancia de las cosas que se esperan y la evidencia de las cosas que no se ven". Adquirirás confianza, el tipo de confianza que fomenta la resistencia y el coraje. Además, desarrollarás el poder de concentración, lo que te permitirá descartar todos los pensamientos que no estén relacionados con tu propósito.

12. La ley es que el pensamiento se manifestará en forma y solamente aquel que pueda ser el Divino Pensador de sus propios pensamientos podrá ocupar el lugar de un Maestro y hablar con autoridad.

13. La claridad y la certeza se logran solo al tener repetidamente la imagen en la mente. Cada repetición hace que la imagen sea más nítida y precisa que la anterior, y la manifestación exterior se produce en proporción a la claridad y precisión de la imagen. Debes construirla con firmeza y seguridad en tu mundo mental, el mundo interno, antes de que pueda materializarse en el mundo externo. No puedes construir nada de valor, ni siquiera en el mundo mental, si no tienes el material adecuado. Cuando tengas el material correcto, podrás construir cualquier cosa que desees, pero asegúrate de tener el material adecuado, ya que no puedes crear una prenda fina con materiales de mala calidad.

14. Este material será creado por millones de trabajadores mentales silenciosos y moldeado en la forma de la imagen que tienes en tu mente.

15. Piénsalo detenidamente. Tienes más de cinco millones de estos trabajadores mentales en activo, conocidos como "neuronas". Además de estos, tienes una fuerza de reserva de al menos el mismo número, listos para entrar en acción ante la menor necesidad. Tu poder para pensar es casi ilimitado y esto significa que tu poder para crear el tipo de material necesario para construir cualquier entorno que desees es prácticamente ilimitado.

16. Además de estos millones de trabajadores mentales, tienes miles de millones de trabajadores mentales en tu cuerpo, cada uno de los cuales posee la inteligencia suficiente para comprender y responder a cualquier mensaje o sugerencia que reciba. Estas células están ocupadas creando y recreando tu cuerpo, pero también están dotadas de energía psíquica que les permite atraer la sustancia necesaria para un desarrollo perfecto.

17. Lo hacen siguiendo la misma ley y el mismo proceso por el cual todas las formas de vida atraen el material necesario para su crecimiento. Ya sea un roble, una rosa o un lirio, todos requieren ciertos materiales para su máxima expresión, y los obtienen a través de una demanda silenciosa, la Ley de Atracción, que es la forma más segura de obtener lo necesario para tu desarrollo completo.

18. Construye la imagen mental con claridad, definición y perfección; mantenla con firmeza. Las formas y los medios se desarrollarán por sí mismos; el suministro seguirá a la demanda. Serás guiado para tomar las decisiones correctas en el momento adecuado y de la manera adecuada. El deseo sincero generará expectativas confiadas, que a su vez serán reforzadas por una firme demanda. Estos tres elementos no pueden fallar en lograr el éxito, porque el deseo sincero representa el sentimiento, las expectativas confiadas representan el pensamiento y la firme demanda representa la voluntad. Como hemos visto, el sentimiento da vida al pensamiento y la voluntad lo mantiene firme hasta que la Ley del Crecimiento lo materialice..

19. Es asombroso que el ser humano posea tal poder dentro de sí mismo, facultades tan trascendentales de las que no tenía conocimiento. Es curioso que siempre nos hayan enseñado a

buscar la fuerza y el poder "fuera" de nosotros mismos. Se nos ha instruido a buscar en todas partes, excepto en nuestro interior, y cada vez que este poder se manifiesta en nuestras vidas, nos dicen que es algo sobrenatural.

20. Muchos han llegado a comprender este poder maravilloso y han hecho esfuerzos serios y cuidadosos para obtener salud, poder y otras condiciones deseadas, pero a menudo parecen fallar. La dificultad radica en que están enfocados en lo externo. Desean dinero, poder, salud y abundancia, sin darse cuenta de que estos son efectos que solo se manifiestan cuando se descubre la causa.

21. Aquellos que no prestan atención al mundo externo buscan conocer la verdad y la sabiduría. Descubren que esta sabiduría desarrolla y revela la fuente de todo poder, que se manifiesta en pensamiento y propósito, y que crea las condiciones externas deseadas. Esta verdad se expresa a través de propósitos nobles y acciones valerosas.

22. Enfócate en crear ideales y no en las condiciones externas. Embellece y enriquece tu mundo interno, y el mundo externo reflejará y manifestará las condiciones que existen en tu interior. Comprenderás tu poder para crear ideales, y esos ideales se proyectarán en el mundo de los efectos.

23. Por ejemplo, si alguien está endeudado y constantemente piensa en su deuda y se concentra en ella, dado que los pensamientos son causas, no solo mantendrá la deuda a su lado, sino que también creará más deuda. Está poniendo en marcha la Ley de Atracción, y el resultado previsible es que la pérdida conduce a una pérdida aún mayor.

LECCIÓN 7

24. Entonces, ¿cuál es el principio correcto? Enfócate en lo que deseas, no en lo que no deseas. Piensa en la abundancia, desarrolla métodos y planes para poner en práctica la Ley de la Abundancia. Visualiza la condición que crea la Ley de Abundancia, esto dará lugar a la manifestación.

25. Si esta ley funciona de manera efectiva para atraer pobreza, carencia y cualquier forma de limitación a aquellos que mantienen constantemente pensamientos de carencia y miedo, también funcionará de manera igualmente certera para atraer condiciones de abundancia y opulencia a quienes mantienen pensamientos de coraje y poder.

26. Este es un desafío para muchos de nosotros; a menudo somos impacientes y manifestamos ansiedad, miedo y tensión. Queremos actuar rápidamente, queremos hacer algo, y a veces actuamos como un niño que acaba de plantar una semilla y cada quince minutos remueve la tierra para ver si está creciendo. Por supuesto, la semilla nunca germinará bajo tales circunstancias, y eso es precisamente lo que muchos hacemos en el mundo mental.

27. Debemos plantar la semilla y dejarla tranquila. Esto no significa que debamos quedarnos inactivos, de ninguna manera; trabajaremos de manera más eficiente que antes, se crearán nuevos canales y se abrirán nuevas puertas constantemente. Lo único que se requiere es mantener una mente abierta y estar listos para actuar cuando llegue el momento.

28. El poder del pensamiento es el medio más potente para adquirir conocimiento, y si nos concentramos en un tema, resolveremos cualquier problema. Nada está más allá del alcance

de la comprensión humana, pero para aprovechar el poder del pensamiento y lograr que obedezca tus órdenes, se necesita trabajo constante.

29. Recuerda que el pensamiento es el fuego que genera el vapor que hace girar la rueda de la fortuna, y tus experiencias dependen de esta rueda.

30. Hazte algunas preguntas y luego espera con reverencia las respuestas. ¿No sientes ocasionalmente la presencia del "Yo" interior contigo? ¿Reafirmas este "Yo" o sigues la corriente de la mayoría? Recuerda que las mayorías suelen ser seguidoras, no líderes. Fue la mayoría la que se opuso a los avances como la máquina de vapor y el telar mecánico, así como a cualquier otra mejora propuesta.

31. Para tu ejercicio de esta semana, visualiza a un amigo. Recréalo en tu mente tal como lo viste la última vez: la habitación, los muebles, la conversación, su rostro. Ahora, mantén una conversación con él sobre algún tema de interés mutuo. Observa cómo cambia su expresión, cómo sonríe. ¿Puedes hacerlo? Si es así, estás en el camino correcto. Luego, despierta su interés aún más, cuéntale una historia emocionante y observa cómo sus ojos se iluminan con entusiasmo o emoción. ¿Puedes hacer todo esto? Si es así, tu imaginación es sólida y estás haciendo un progreso excelente.

LECCIÓN 7

PREGUNTAS Y RESPUESTAS

¿Qué es la Visualización?
Es el proceso de crear imágenes mentales.

¿Cuál es el resultado de este método de pensamiento?
Al mantener la imagen en nuestra mente, podemos, de manera gradual pero certera, acercarla cada vez más hacia nosotros. Podemos convertirnos en lo que deseamos ser.

¿Qué es la Idealización?
Es el proceso de visualizar o idealizar los planes que eventualmente se materializarán en nuestro mundo objetivo.

¿Por qué la claridad y la certeza son necesarias?
Porque el "ver" crea el "sentimiento" y el "sentimiento" crea el "ser". Primero lo mental, luego lo emocional, luego las ilimitadas posibilidades de logro.

¿Cómo son obtenidas?
Cada acción repetida hace la imagen más precisa que la anterior.

¿Cómo se asegura el material de construcción de tu imagen mental?
A través de millones de trabajadores mentales. Se denominan células cerebrales.

¿Cómo se garantizan las condiciones necesarias para materializar tu ideal en el mundo objetivo?
A través de la Ley de Atracción, que es la ley natural por la cual se manifiestan todas las condiciones y experiencias.

¿Cuáles son los tres pasos necesarios para poner en funcionamiento esta Ley?

Los pasos necesarios son: Deseo sincero, Expectativa confiada y Demanda firme.

¿Por qué muchos fallan?

Porque se concentran en la pérdida, la enfermedad y el desastre. La ley opera perfectamente, las cosas que ellos temen llegan hacia ellos.

¿Cuál es la Alternativa?

Concentrarse en los ideales que deseas ver manifestados en tu vida.

VIII

LECCIÓN 8

INTRODUCCIÓN

En esta lección, te darás cuenta de que puedes elegir libremente lo que piensas, pero el resultado de tu pensamiento está gobernado por una ley inmutable. ¿No es esto maravilloso? ¿No es maravilloso saber que nuestras vidas no están sujetas a capricho o variabilidad de ningún tipo? Están gobernadas por la ley. Esta estabilidad es nuestra oportunidad, porque al cumplir la ley, podemos asegurar el efecto deseado con invariable precisión.

Esta ley hace que el universo sea un gran himno de armonía. Si no fuera por esta ley, el universo sería un caos en lugar de un cosmos.

Aquí está el secreto del origen del bien y el mal, es decir, todo lo bueno y malo que ha existido y que alguna vez existirá. Permíteme explicarlo. El pensamiento resulta en acción: si tu pensamiento es constructivo y armonioso, el resultado será bueno; si tu pensamiento es destructivo e inarmónico, el resultado será malo.

Por lo tanto, existe una ley, un principio, una causa, una Fuente de Poder, y el bien y el mal son simplemente palabras que se han utilizado para indicar el resultado de nuestra acción o nuestro cumplimiento o incumplimiento de esta ley.

La importancia de esto está bien ilustrada en las vidas de Emerson y Carlyle. Emerson amaba el bien, y su vida fue una sinfonía de paz y armonía; Carlyle odiaba el mal, y su vida fue una continua discordia e inarmonía.

Aquí tenemos a dos grandes hombres, cada uno con la intención de lograr el mismo ideal, pero uno hizo uso del pensamiento constructivo, por lo tanto, en armonía con la ley natural; el otro hizo uso del pensamiento destructivo, por lo tanto, atrajo sobre sí discordia de toda clase y tipo. Entonces, es evidente que no debemos odiar nada, ni siquiera lo "malo", porque el odio es destructivo y pronto encontraremos que al mantener pensamientos destructivos estamos sembrando vientos y cosecharemos tempestades.

LECCIÓN 8

CONSTRUYENDO TU FUTURO

1. El pensamiento contiene un principio vital, ya que es el principio creativo del universo. Dada su naturaleza intrínseca, tiende a asociarse con otros pensamientos similares.

2. Ya que el único propósito de la vida es el crecimiento, todos los principios subyacentes a la existencia deben contribuir a su realización. De este modo, el pensamiento toma forma y la ley del crecimiento lo lleva a la manifestación.

3. Puedes elegir libremente lo que piensas, pero el resultado de tu pensamiento está sujeto a una ley inmutable. Cualquier línea de pensamiento en la que persistas no puede evitar influir en tu carácter, tu salud y tus circunstancias. Por lo tanto, es de vital importancia comprender cómo reemplazar los patrones de pensamiento que hemos notado que solo generan resultados indeseables con hábitos de pensamiento constructivos.

4. Todos reconocemos que esto no es fácil. Los hábitos mentales son difíciles de controlar, pero no son invencibles. La clave está en comenzar de inmediato a reemplazar el pensamiento destructivo con pensamientos constructivos. Cultiva el hábito de analizar cada pensamiento: ¿Es útil? ¿Su manifestación objetiva aporta un beneficio, no solo a ti mismo, sino a cualquier persona que pueda verse afectada de alguna manera? Si es así, consérvalo, cuídalo, ya que es valioso y está en sintonía con lo infinito. Crecerá, se desarrollará y dará frutos multiplicados. Además, es recomendable tener siempre presente esta cita de George Matthews Adams: "Aprende a mantener la puerta cerrada; mantén fuera de tu mente, de tu oficina y de tu mundo

cualquier elemento que busque ingresar sin un propósito útil claramente definido a la vista".

5. Si tus pensamientos han sido críticos o destructivos y han resultado en discordia o desarmonía en tu entorno, es posible que debas cultivar una actitud mental que promueva el pensamiento constructivo.

6. Descubrirás que la imaginación desempeñará un papel crucial en esta dirección; cultivar la imaginación te conducirá al desarrollo del ideal a partir del cual emergerá tu futuro.

7. La imaginación recoge el material con el cual la mente teje la tela con la que se vestirá tu futuro.

8. La imaginación es la luz que nos permite explorar nuevos mundos de pensamiento y experiencia.

9. La imaginación es el poderoso instrumento a través del cual cada descubridor y cada inventor abrió el camino del precedente a la experiencia. El precedente decía: "No se puede hacer". La experiencia dijo: "Ya lo hice"

10. La imaginación es un poder moldeador que transforma las experiencias sensoriales en nuevas formas e ideales.

11. La imaginación es la forma constructiva del pensamiento que debe preceder a cada forma constructiva de acción.

12. Un constructor no puede erigir ninguna estructura sin antes obtener los planos del arquitecto, y esos planos deben nacer primero en la imaginación del arquitecto.

LECCIÓN 8

13. Un líder industrial no puede forjar una corporación de gran envergadura, capaz de coordinar cientos de empresas más pequeñas y emplear a miles de personas, así como utilizar millones de dólares de capital, hasta que haya concebido el proyecto completo en su imaginación. Los objetos en el mundo material son como la arcilla en manos del alfarero. En la mente maestra, se crean las cosas reales, y es gracias al uso de la imaginación que se lleva a cabo la labor. Para cultivar la imaginación, debe ejercitarse, ya que el ejercicio es esencial para desarrollar el músculo mental, de la misma manera en que el músculo físico requiere ser ejercitado para crecer.

14. Es importante no confundir la imaginación con la fantasía o la ensoñación en la que algunas personas se sumen. La ensoñación es una forma de dispersión mental que puede llevar al desastre mental.

15. La imaginación constructiva implica un trabajo mental, a menudo considerado como el trabajo más arduo. Sin embargo, cuando se realiza, produce los mayores beneficios, ya que todas las grandes realizaciones en la vida provienen de personas con la capacidad de pensar, imaginar y convertir sus sueños en realidad.

16. Cuando te das cuenta plenamente de que la mente es el único principio creativo, que es Omnipotente, Omnisciente y Omnipresente, y que puedes entrar conscientemente en armonía con esta Omnipotencia a través de tu poder de pensamiento, habrás dado un gran paso en la dirección correcta.

17. El siguiente paso implica posicionarte para recibir este poder. Ya que es Omnipresente, debe estar dentro de ti. Sabemos esto

porque comprendemos que todo poder reside en nuestro interior, pero necesita ser desarrollado, desplegado y cultivado. Para lograrlo, debemos ser receptivos, y esta receptividad se adquiere a través del ejercicio, de la misma manera en que ganamos fuerza física.

18. La ley de la atracción, con certeza e infalibilidad, atraerá hacia ti las condiciones, el entorno y las experiencias de vida que estén en sintonía con tu actitud mental habitual y predominante. No se trata de lo que piensas ocasionalmente, ya sea cuando estás en la iglesia o después de leer un buen libro, sino de la actitud mental que prevalece en ti, eso es lo que cuenta.

19. No puedes mantener pensamientos débiles, perjudiciales y negativos durante diez horas al día y esperar producir condiciones hermosas, de fortaleza y armonía con tan solo diez minutos de pensamiento fuerte, positivo y creativo.

20. El poder auténtico emana desde el interior. Todo el poder que alguien pueda utilizar reside en su interior, esperando ser manifestado. Esto comienza al reconocerlo y luego afirmarlo como propio, trabajando en su conciencia hasta que se vuelve uno con él.

21. A menudo, la gente dice que desea abundante vida, no obstante, muchos interpretan que esto significa ejercitar sus músculos, respirar científicamente, comer ciertos alimentos de cierta manera, beber varios vasos de agua al día a cierta temperatura, mantenerse fuera de las corrientes de aire y que así lograrán la abundante vida que buscan. Sin embargo, estos métodos pueden tener resultados variables. En cambio, cuando el individuo se despierta a la verdad y afirma su unidad con toda la

Vida, descubre que obtiene una visión clara, una marcha ágil y la vitalidad de la juventud. Se da cuenta de que ha encontrado la fuente de todo poder.

22. Todos los errores son, en última instancia, errores de ignorancia. La adquisición de conocimiento y, en consecuencia, de poder, es lo que impulsa el crecimiento y la evolución. El reconocimiento y la aplicación del conocimiento constituyen el poder. Este poder es de naturaleza espiritual y subyace en el corazón de todas las cosas; es el alma del universo.

23. Este conocimiento es el producto de la capacidad de pensar del individuo. Por lo tanto, el pensamiento es el germen de la evolución consciente del ser humano. Cuando alguien deja de avanzar en sus pensamientos e ideales, sus energías comienzan a desgastarse de inmediato, y su semblante gradualmente refleja estas condiciones.

24. Las personas exitosas aseguran que su negocio esté alineado con los ideales de las condiciones que desean materializar. Mantienen constantemente en mente el siguiente paso necesario para alcanzar el ideal hacia el cual se esfuerzan. Los pensamientos son los bloques con los cuales construyen, y la imaginación es su taller mental. La mente es la fuerza en constante movimiento mediante la cual atraen las personas y circunstancias necesarias para construir su camino hacia el éxito, y la imaginación es la matriz en la que dan forma a todas las grandes cosas.

25. Si has mantenido fielmente tu ideal, recibirás una señal cuando las circunstancias estén listas para materializar tus planes, y los resultados serán proporcionales a tu fidelidad con ese ideal.

El ideal que sostienes firmemente es el que predetermina y atrae las condiciones necesarias para su cumplimiento.

26. De esta manera, puedes tejer una vestimenta de espíritu y poder en el tejido de toda tu existencia. Puedes alcanzar una vida encantadora y estar siempre resguardado de cualquier daño. Así, te conviertes en una fuerza positiva que atrae hacia ti circunstancias de opulencia y armonía.

27. Este principio es la levadura que está impregnando lentamente la conciencia colectiva y es en gran medida responsable de la inquietud que se manifiesta en todas partes.

28. En la lección anterior, creaste una imagen mental y de lo invisible a lo visible. Esta semana, quiero que tomes un objeto y sigas su rastro hasta su origen, que veas en lo que realmente consiste. Si haces esto, desarrollarás tu imaginación, percepción, perspicacia y agudeza. Esto no se logra mediante una observación superficial, como la mayoría lo hace, sino a través de una observación analítica y aguda que penetra más allá de la superficie.

29. Son pocos los que comprenden que las cosas que ven son simplemente los efectos, y entienden las causas por las cuales estos efectos fueron creados.

30. Ahora, toma la misma posición que antes, y visualiza un gran buque de guerra. Observa cómo el enorme monstruo flota en la superficie del agua, parece no haber vida alrededor, todo es silencio. Sin embargo, sabes que la mayor parte del buque está

LECCIÓN 8

sumergida, fuera de la vista. Comprendes que la nave es tan grande y pesada como un rascacielos. Tienes conocimiento de que hay cientos de hombres preparados para realizar sus tareas designadas en un instante. Sabes que cada departamento está dirigido por oficiales expertos, entrenados y capacitados que han demostrado su competencia para manejar este maravilloso mecanismo. Sabes que, aunque parece ajeno a su entorno, el buque tiene ojos que abarcan kilómetros de distancia y no dejan escapar ningún detalle a su atenta visión. Sabes que, a pesar de su aparente tranquilidad, sumisión e inocencia, está listo para lanzar un proyectil de acero que pesa miles de kilos hacia un enemigo que se encuentra a muchos kilómetros de distancia. Todo esto y más puedes imaginarlo casi sin esfuerzo. Pero ¿cómo llegó el buque a estar donde está? ¿Cómo llegó a existir? Si eres un observador cuidadoso, estas son las preguntas que buscas responder.

31. Sigue las grandes placas de acero a través de las fundiciones y observa a los miles de hombres empleados en su construcción. Luego retrocede aún más y considera cómo el mineral proviene de la mina, observa cómo es cargado en barcos o camiones, cómo se funde y procesa correctamente. Continúa retrocediendo y observa al arquitecto y los ingenieros que planearon el buque. Deja que tu pensamiento te lleve aún más atrás para determinar por qué planearon el buque. Ahora te darás cuenta de que has retrocedido tanto que el buque se ha vuelto intangible; ya no existe físicamente, ahora es solo un pensamiento que reside en la mente del arquitecto. Pero, ¿de dónde vino la orden para planear el buque? Probablemente de la Secretaría de Defensa; pero es posible que este buque se haya planificado mucho antes de que se pensara en la guerra, y el Congreso tuvo que aprobar una partida presupuestaria asignando los fondos. Es probable que haya

habido debates y discursos a favor y en contra. ¿A quiénes representan estos miembros del Congreso? Representan a personas como tú y yo, por lo que nuestra línea de pensamiento se conecta desde el buque y termina en nosotros mismos. Al llegar al análisis final, descubrimos que nuestros propios pensamientos son responsables de esto y de muchas otras cosas en las que raramente pensamos. Una reflexión adicional revela un hecho aún más importante, a saber, que si alguien no hubiera descubierto la ley que permite que esta enorme masa de acero y hierro flote en lugar de hundirse, el buque no habría podido existir en absoluto.

32. Esta ley establece que, "la gravedad específica de cualquier sustancia es el peso de un volumen dado de esa sustancia en comparación con el peso de un volumen igual de agua". El descubrimiento de esta ley revolucionó todos los viajes marítimos, tanto comerciales como militares, y permitió la existencia de buques de guerra, portaaviones y cruceros.

33. Este tipo de ejercicios son invaluables. Cuando entrenamos nuestra mente para mirar más allá de la superficie, todo adquiere una perspectiva diferente. Lo que antes parecía insignificante se vuelve significativo, lo que era trivial se convierte en interesante. Las cosas que solíamos considerar sin importancia ahora son vistas como las únicas cosas realmente vitales en la existencia.

LECCIÓN 8

Recuerda mirar este día, porque es la Vida misma,
la esencia de la existencia.
En su breve recorrido se encuentran todas las Verdades
y Realidades de tu vida;
El regalo del Crecimiento;
la belleza de la acción; el Esplendor de la belleza;
Porque el ayer es solo un sueño,
y el mañana es solamente una visión:
Pero el Hoy bien vivido convierte cada ayer
en un sueño de Felicidad, y cada mañana
en una Visión de Esperanza.
Así que ¡Mira con atención a este día!

— Del Sánscrito.

PREGUNTAS Y RESPUESTAS

¿Qué es la imaginación?

Es una forma de pensamiento constructivo; es la luz que nos permite adentrarnos en nuevos mundos de pensamiento y experiencia. Es la poderosa herramienta a través de la cual cada inventor o descubridor ha abierto el camino que precede a la experiencia.

¿Cuál es el resultado de la imaginación?

El cultivo de la imaginación conduce al desarrollo de un ideal a partir del cual surgirá tu futuro.

¿Cómo puede cultivarse?

Mediante el ejercicio constante; debe ser alimentada o no podrá prosperar.

¿Cómo se diferencia la imaginación del soñar despierto?

Soñar despierto es una forma de disipación mental, mientras que la imaginación es una forma de pensamiento constructivo que debe preceder a cada acción constructiva.

¿Qué son los errores?

Son resultado de la ignorancia.

¿Qué es el conocimiento?

El resultado de la capacidad de pensar del ser humano.

¿Cuál es el poder con el cual construyen las personas exitosas?

La mente es la fuerza en movimiento con la que las personas aseguran las circunstancias y los recursos necesarios para llevar a cabo sus planes.

LECCIÓN 8

¿Qué predetermina el resultado?
El ideal firmemente sostenido en la mente atrae las condiciones necesarias para su cumplimiento.

¿Cuál es el resultado de una aguda observación analítica?
El desarrollo de la imaginación, la percepción y la sagacidad.

¿A qué conducen?
A la riqueza y la armonía.

LECCIÓN 9

INTRODUCCIÓN

En esta lección, aprenderás a aplicar las herramientas con las cuales puedes construir para ti mismo cualquier condición que desees. Si deseas cambiar las circunstancias, debes cambiar tú mismo. Tus anhelos, deseos, fantasías o ambiciones pueden encontrar obstáculos en cada paso, pero tus pensamientos más íntimos siempre encontrarán expresión, tan seguramente como una planta florece a partir de una semilla.

Entonces, supongamos que deseamos cambiar las condiciones. ¿Cómo lograremos esto? La respuesta es simple: a través de la ley del crecimiento. La causa y el efecto son tan absolutos y precisos en el reino oculto del pensamiento como en el mundo de las cosas materiales.

Mantén en tu mente la condición deseada; afírmala como un hecho ya existente. Esto resalta la importancia de una afirmación poderosa. A través de su repetición constante, se convierte en una parte de nosotros mismos. Estamos, de hecho, cambiándonos a nosotros mismos; estamos moldeándonos en lo que deseamos ser.

El carácter no es el resultado del azar, sino el fruto del esfuerzo constante. Si te encuentras siendo tímido, indeciso, vacilante, o si sientes ansiedad o te atormentan pensamientos de miedo o peligro inminente, recuerda el axioma: 'Dos cosas no pueden existir en el mismo lugar al mismo tiempo'.

Este principio es igualmente válido en el mundo mental y espiritual. Por lo tanto, la solución radica en reemplazar los pensamientos de miedo, carencia y limitación con pensamientos de coraje, poder, seguridad y confianza en uno mismo. La forma más fácil y natural de hacerlo es elegir una afirmación que se ajuste a tu situación particular. El pensamiento positivo destruirá al negativo, tan ciertamente como la luz disipa la oscuridad, y los resultados serán igualmente efectivos.

La acción es la flor del pensamiento, y las condiciones son el resultado de la acción. Por lo tanto, tienes en tu poder las herramientas que inevitablemente te construyen o destruyen a ti mismo; y la recompensa será la felicidad o el sufrimiento.

LECCIÓN 9

TU MENTE Y LAS AFIRMACIONES

1. En el "mundo externo", solo hay tres cosas que pueden ser deseadas, y cada una de ellas tiene su equivalente en el "mundo interno". El secreto para encontrarlas radica simplemente en aplicar el adecuado "mecanismo" para conectarse con el poder omnipotente al que cada individuo tiene acceso.

2. Las tres cosas que toda la humanidad desea y que son esenciales para su máxima expresión y completo desarrollo son: Salud, Riqueza y Amor. Todos estarán de acuerdo en que la salud es absolutamente fundamental; nadie puede ser feliz si su cuerpo físico tiene dolor. No todos aceptarán de inmediato que la riqueza es necesaria, pero todos deben reconocer que un suministro adecuado es esencial, y lo que uno considera adecuado, puede ser visto como carencia absoluta y dolorosa para otro. Dado que la Naturaleza provee no solo lo suficiente, sino abundantemente y de manera generosa, nos damos cuenta de que cualquier carencia o limitación es simplemente el resultado de un sistema artificial de distribución.

3. Es muy probable que todos estén de acuerdo en que el amor es la tercera, o quizás algunos dirán que es la primera, necesidad esencial para la felicidad de la humanidad. Así que aquellos que poseen las tres cosas: salud, riqueza y amor, no encuentran nada más que pueda añadirse a su copa de felicidad.

4. Hemos comprendido que la sustancia universal abarca "Toda la Salud," "Toda la Sustancia" y "Todo el Amor", y que el mecanismo de unión consciente con esta fuente infinita reside en

nuestro modo de pensar. Pensar correctamente equivale a entrar en el "Lugar Secreto del Altísimo".

5. Entonces, ¿qué debemos pensar? Si comprendemos esto, habremos descubierto el mecanismo adecuado de unión que nos conectará con "todo lo que deseamos". Aunque este mecanismo que te estoy proporcionando pueda parecer muy simple, te invito a que sigas leyendo, y pronto te darás cuenta de que es en realidad la "Llave Maestra" o, si lo prefieres, "La lámpara de Aladino". Verás que es el cimiento, la condición esencial, la ley absoluta del hacer el bien, que se traduce en bienestar (bien-estar).

6. Para pensar correctamente y con precisión, debemos comprender la "Verdad". La verdad es el principio subyacente en cada negocio o relación social. Es un requisito previo para toda acción correcta. Saber la verdad, estar seguro y confiado, brinda una satisfacción incomparable; es el único punto de apoyo en un mundo lleno de dudas, conflictos y peligros.

7. Conocer la verdad significa estar en armonía con el poder Infinito y Omnipotente. Conocer la verdad es conectarse con un poder que es infalible y que elimina cualquier discordia, desarmonía, duda o error, porque "la Verdad es poderosa y siempre prevalecerá".

8. Aun el intelecto más modesto puede predecir fácilmente el resultado de una acción cuando sabe que está basado en la verdad. Por otro lado, incluso el intelecto más poderoso, la mente más profunda y penetrante se pierde desesperadamente cuando sus esperanzas se fundamentan en una premisa que sabe que es falsa y no puede concebir los resultados que pueden surgir.

9. Cada acción que no está en armonía con la Verdad, ya sea por ignorancia o de manera deliberada, resultará en discordia y eventual pérdida en proporción a su magnitud y naturaleza.

10. Entonces, ¿cómo podemos conocer la verdad para activar este mecanismo que nos conectará con lo infinito?

11. No podemos equivocarnos en esto si reconocemos que la verdad es el principio vital de la Mente Universal y es Omnipresente. Por ejemplo, si deseas salud, entender el hecho de que el "Yo" dentro de ti es espiritual y que todo espíritu es Uno, que donde existe una parte, debe existir el Todo, llevará a la condición de salud que necesitas. Esto se debe a que cada célula en tu cuerpo debe manifestar la verdad tal como la percibes. Si ves enfermedad, manifestarán enfermedad; si ves perfección, deben manifestar perfección. La afirmación "Yo Soy completo, perfecto, fuerte, poderoso, amoroso, armonioso y feliz" traerá consigo condiciones armoniosas. La razón es que esta afirmación está en total conformidad con la Verdad, y cuando la verdad se manifiesta, cualquier forma de error o discordia debe desaparecer inevitablemente.

12. Has descubierto que el "Yo" es de naturaleza espiritual y, por lo tanto, no puede ser nada menos que perfecto. Entonces, la afirmación "Yo Soy completo, perfecto, fuerte, poderoso, amoroso, armonioso y feliz" es una declaración científica precisa.

13. El pensamiento es una actividad espiritual, y el espíritu es creativo. Por lo tanto, mantener este pensamiento en tu mente necesariamente producirá condiciones en armonía con ese pensamiento.

14. Si deseas riqueza, comprender el hecho de que el "Yo" dentro de ti es Uno con la Mente Universal, que es la fuente de toda sustancia y es omnipotente, te ayudará a activar la ley de atracción. Esta ley te llevará a sintonizarte con las fuerzas que contribuyen al éxito y crear condiciones de poder y riqueza en proporción directa a la naturaleza y el propósito de tu afirmación.

15. La visualización es el mecanismo de conexión que necesitas. La visualización es un proceso muy diferente de la simple observación. Observar es una acción física y, por lo tanto, se relaciona con el mundo objetivo, el "mundo exterior". En cambio, la visualización es un producto de la imaginación y, por lo tanto, pertenece al mundo subjetivo, el "mundo interior", de modo que posee vitalidad y crecerá. La cosa que visualizas se manifestará en forma. El mecanismo es perfecto, creado por el Arquitecto Maestro que "Hace todas las cosas bien". Sin embargo, a veces el operador puede ser inexperto o ineficiente, pero la práctica y la determinación superarán esta deficiencia.

16. Si deseas amor, comprende que la única manera de obtenerlo es dándolo. Cuanto más amor das, más amor recibirás. La única forma de dar amor es llenándote de él hasta convertirte en un imán. El método para lograrlo se explicó en una lección anterior.

17. Aquel que ha aprendido a conectar las más grandes verdades espirituales con las llamadas "pequeñas cosas de la vida" ha descubierto el secreto para resolver sus problemas. Uno siempre se siente estimulado y se vuelve más reflexivo al acercarse a las grandes ideas, los grandes eventos, los objetos naturales majestuosos y las grandes personas. Se dice que estar cerca de Lincoln producía en todos la sensación de estar ante una

LECCIÓN 9

montaña. Esta sensación se fortalece aún más cuando uno se da cuenta de que ha alcanzado cosas que son eternas, el poder de la verdad.

18. A veces, resulta inspirador escuchar a alguien que ha puesto verdaderamente a prueba estos principios, alguien que los ha demostrado en su propia vida. Una carta de Frederick Andrews ilustra esta experiencia de la siguiente manera:

19. Tenía alrededor de trece años cuando el Dr. T. W. Marsee le dijo a mi madre: 'No hay ninguna posibilidad, señora Andrews. Perdí a mi propio hijo pequeño de la misma manera, a pesar de hacer todo lo que era posible. He estudiado estos casos en profundidad y sé que no hay ninguna posibilidad de mejoría'.

20. Mi madre se volvió hacia él y le preguntó: "Doctor, ¿qué haría usted si fuera su hijo?" y él respondió: "Lucharía, pelearía mientras haya un aliento de vida por el cual luchar".

21. Así comenzó una larga batalla llena de altibajos. Los médicos estaban todos de acuerdo en que no había posibilidad de curación, pero nos alentaron tanto como pudieron.

22. Al final llegó la victoria y transformé mi condición de ser un niño torcido y lisiado en mis manos y rodillas en la de un hombre fuerte, erguido y bien formado.

23. Ahora, sé que deseas conocer la fórmula, y te la proporcionaré de manera breve y rápida.

24. Construí una afirmación para mí mismo, tomando las cualidades que más necesitaba y repitiendo una y otra vez: "Soy

completo, perfecto, fuerte, poderoso, amoroso, armonioso y feliz." Mantuve esta afirmación invariable, sin cambiarla, hasta que podía despertar en medio de la noche y encontrarme repitiendo: "Soy completo, perfecto, fuerte, poderoso, amoroso, armonioso y feliz". Era la última frase en mis labios antes de dormir y la primera en la mañana al despertar.

25. No solo la afirmé para mí mismo, sino también para otros que sabía que la necesitaban. Quiero enfatizar este punto: lo que deseas para ti mismo, afírmalo para otros, y beneficiará a ambos. Cosechamos lo que sembramos. Si enviamos pensamientos de amor y salud, regresarán a nosotros como el pan que echamos sobre las aguas. Pero si enviamos pensamientos de miedo, preocupación, celos, ira, odio, etc., cosecharemos los resultados en nuestra propia vida.

26. A menudo se dice que los seres humanos se reconstruyen completamente cada siete años, pero algunos científicos ahora afirman que nos reconstruimos completamente cada once meses. Esto significa que en realidad solo tenemos once meses de edad. Si año tras año seguimos construyendo defectos en nuestros cuerpos, no tenemos a quién culpar más que a nosotros mismos.

27. El individuo es la suma total de sus pensamientos; entonces, la pregunta es: ¿Cómo podemos mantener solo los buenos pensamientos y rechazar los malos? Al principio, no podemos evitar que lleguen los malos pensamientos, pero podemos evitar retenerlos. La única forma de hacerlo es desviándonos de ellos, lo que significa tomar medidas al respecto. Aquí es donde entra en juego la afirmación que hemos creado.

LECCIÓN 9

28. Cuando un pensamiento de rabia, celos, temor o preocupación aparezca, comienza con tu afirmación. La forma de combatir la oscuridad es con la luz; la forma de vencer el frío es con el calor; la forma de superar el mal es con el bien. Nunca he encontrado ayuda en las negaciones. Afirmar lo positivo hará que lo negativo desaparezca. (Frederick Elias Andrews).

29. Si hay algo que necesitas, será beneficioso para ti utilizar esta afirmación tal como está; no necesita mejora. Llévala contigo al silencio hasta que se arraigue en tu subconsciente, de modo que puedas usarla en cualquier lugar: en tu automóvil, en la oficina, en casa. Esta es la ventaja de los métodos espirituales: siempre están disponibles. El espíritu es omnipresente y siempre está listo; todo lo que se requiere es un reconocimiento apropiado de su omnipotencia y la voluntad o el deseo de convertirte en el receptor de sus beneficiosos efectos.

30. Si nuestra actitud mental predominante es de poder, coraje, amabilidad y compasión, encontraremos que nuestro entorno rechazará las condiciones que corresponden a pensamientos negativos. Si nuestra actitud mental es débil, crítica, envidiosa y destructiva, encontraremos que nuestro entorno refleja condiciones en consonancia con estos pensamientos.

31. Los pensamientos son las causas y las condiciones son los efectos. Aquí está la explicación del origen tanto del bien como del mal. El pensamiento es creativo y se relacionará automáticamente con su objeto. Esta es una Ley Cosmológica (una Ley Universal), la Ley de Atracción, la Ley de Causa y Efecto. El reconocimiento y la aplicación de esta ley determinarán el principio y el final. Es la ley por la cual, en todas las edades y épocas, la gente ha sido llevada a creer en el poder

de la oración. "Como es tu fe, así será para ti" es simplemente otra forma de decirlo, de manera más corta y simple.

32. Esta semana visualizaremos una planta. Toma una flor, la que más admires, tráela de lo invisible a lo visible. Planta la diminuta semilla, riégala, cuídala, colócala donde reciba los rayos directos del sol en la mañana. Observa cómo la semilla brota; ahora es una cosa viva, algo que está comenzando a buscar medios para sobrevivir. Observa las raíces penetrando en la tierra, obsérvalas creciendo en todas direcciones. Recuerda que son células vivas que se dividen y subdividen, y pronto serán millones. Cada célula es inteligente, sabe lo que quiere y cómo conseguirlo. Observa el tallo creciendo hacia adelante y hacia arriba, míralo brotar a través de la superficie de la tierra, míralo dividirse y formar ramas. Observa cómo cada rama se forma perfecta y simétricamente, cómo comienzan a formarse las hojas y luego los diminutos tallos, cada uno sosteniendo un capullo. Mientras lo miras, percibe que el brote comienza a desplegarse y tu flor favorita aparece ante tus ojos. Ahora, si te concentras cuidadosamente, te volverás consciente de una fragancia; es la fragancia de la flor mientras la brisa la sacude suavemente. Has visualizado una hermosa creación.

33. Cuando puedas hacer que tu visión sea clara y completa, serás capaz de entrar en el espíritu de una cosa. Esta se volverá muy real para ti. Aprenderás a concentrarte, y el proceso es el mismo, ya sea que estés concentrado en la salud, una flor favorita, un ideal, una complicada propuesta de negocios o cualquier otro problema de la vida.

LECCIÓN 9

34. Todo éxito se ha logrado por la persistente concentración en el objetivo que se tiene en mente.

PREGUNTAS Y RESPUESTAS

¿Cuál es la condición imprescindible de todo bienestar?
La condición imprescindible para todo bienestar es "el hacer bien".

¿Cuál es la condición precedente de cada acción correcta?
Es el Pensamiento correcto.

¿Cuál es la condición subyacente necesaria en cada transacción de negocio o relación social?
Conocer la verdad.

¿Cuál es el resultado del conocimiento de la Verdad?
Podemos predecir fácilmente el resultado de cualquier acción que se base en una premisa verdadera.

¿Cuál es el resultado de una acción basada en una premisa falsa?
No podemos formarnos una idea de los resultados que puedan obtenerse.

¿Cómo podemos conocer la Verdad?
Por la comprensión del hecho de que la Verdad es el principio vital del universo y, por lo tanto, es omnipresente.

¿Cuál es la naturaleza de la Verdad?
Su naturaleza es espiritual.

¿Cuál es el secreto de la solución a cada problema?
Aplicar la Verdad espiritual.

LECCIÓN 9

¿Cuál es la ventaja de los métodos espirituales?
Están siempre disponibles.

¿Cuáles son los requisitos necesarios?
Un reconocimiento de la omnipotencia del poder espiritual y un deseo de recibir sus benéficos efectos.

> El pensamiento es sinónimo de vida, por lo tanto, aquellos que no piensan no experimentan una vida verdadera y significativa en ningún sentido. Es el acto de pensar lo que da forma y define al ser humano.
>
> —A. B. Alcote.

LECCIÓN 10

INTRODUCCIÓN

Si logras obtener una profunda comprensión del pensamiento contenido en esta lección, habrás aprendido que nada sucede sin una causa definida. Podrás formular tus planes con un conocimiento exacto y sabrás cómo controlar cualquier situación, aplicando las causas adecuadas. Cuando alcances el éxito, como seguramente lo harás, sabrás exactamente por qué.

La persona promedio, que carece de un conocimiento definido sobre causa y efecto, es gobernada por sus sentimientos y emociones. En su mayoría, busca justificar sus acciones. Si falla en el mundo de los negocios, atribuye su fracaso a la mala suerte. Si no le gusta la música, considera que es un lujo costoso. Si su desempeño en la oficina es mediocre, culpa a su entorno y dice que tendría más éxito al aire libre. Si carece de amigos, atribuye esto a que su individualidad es demasiado refinada para ser apreciada. Nunca analiza su problema hasta el final. En resumen, no comprende que cada efecto es el resultado de una causa definida, y trata de consolarse con explicaciones y excusas. Solo piensa en su propia defensa.

Por otro lado, aquel que entiende que no existe efecto sin una causa definida piensa de manera impersonal. Profundiza en los hechos sin importar las consecuencias. Sigue el rastro de la verdad sin importar dónde lo conduzca. Examina el problema de manera completa y justa hasta llegar a su resolución. Como resultado, el mundo le recompensa con amistad, honor, amor y aprobación en abundancia.

LECCIÓN 10

CAUSA Y EFECTO

1. La abundancia es una ley natural del universo. La evidencia de esta ley es irrefutable, ya que podemos observarla en todas partes. La naturaleza es inherentemente generosa, pródiga y exuberante. En ninguna parte se observa la idea de economizar en alguna cosa creada. La abundancia se manifiesta en todo. Millones y millones de árboles, flores, plantas y animales pueblan la Tierra. La asombrosa capacidad de reproducción y regeneración que observamos constantemente es prueba de la generosidad con la que la naturaleza provee para todos los seres. Es evidente que hay abundancia para todos, pero también es evidente que muchos fallan en participar de esta abundancia; ellos todavía no han llegado a la comprensión de la Universalidad de toda la sustancia. La mente es el principio activo por el cual nos relacionamos con las cosas que deseamos.

2. La riqueza tiene su origen en el poder; las posesiones materiales adquieren valor cuando confieren poder a quienes las poseen. Los acontecimientos y las posesiones adquieren significado cuando están vinculados al poder. En última instancia, todas las cosas representan diversas formas y grados de poder.

3. El conocimiento de la causa y el efecto, tal como se manifiesta en leyes que rigen fenómenos como la electricidad, la afinidad química y la gravedad, capacita al ser humano a planear y ejecutar con valentía y sin temor. Estas leyes, conocidas como leyes naturales, gobiernan el mundo físico que nos rodea. Sin embargo, no todo poder es de naturaleza física; también existe el poder mental, moral y espiritual.

4. El poder espiritual se eleva por encima de los demás porque opera en un plano superior. Ha permitido al ser humano descubrir leyes que le han permitido aprovechar las fuerzas extraordinarias de la naturaleza para realizar tareas que antes requerían el esfuerzo de cientos o miles de personas. El poder espiritual también ha llevado al ser humano a descubrir leyes que eliminan las limitaciones de tiempo y espacio, e incluso superan la ley de la gravedad. La operación de esta ley depende del contacto espiritual, como lo expresó sabiamente Henry Drummond.

5. En el mundo físico, tal como lo conocemos, existe lo orgánico y lo inorgánico. Lo inorgánico del mundo mineral está completamente separado del mundo vegetal o animal, y esta separación es infranqueable. Nunca se ha cruzado esta barrera. Ningún proceso químico, ninguna forma de energía, ninguna evolución de ningún tipo puede conferir vida a un solo átomo del mundo mineral.

6. Solo cuando alguna forma de vida entra en este mundo inerte, estos átomos sin vida adquieren las propiedades de la vitalidad. Sin este contacto con la vida, permanecerían para siempre en la esfera inorgánica. Como afirmó Huxley, la doctrina de la biogénesis, que sostiene que la vida solo proviene de la vida, sigue siendo válida en todas las circunstancias. Tyndall también admitió que no existen pruebas fiables que sugieran que la vida pueda surgir de manera independiente sin una vida precedente.

7. Las leyes físicas pueden explicar el mundo inorgánico, mientras que la biología se encarga del desarrollo de lo orgánico. Sin embargo, la ciencia guarda silencio en lo que respecta al punto de transición entre estos dos mundos. Existe un pasadizo

similar entre el mundo natural y el mundo espiritual, pero este pasadizo está herméticamente sellado en el lado natural. La puerta está cerrada, nadie puede abrirla, ningún cambio orgánico, ninguna energía mental, ningún esfuerzo moral o ningún progreso humano pueden permitir que alguien acceda al mundo espiritual.

8. Sin embargo, de la misma manera en que una planta extiende sus raíces hacia el mundo mineral y le infunde el misterio de la vida, la Mente Universal desciende hacia la mente humana y la dota de nuevas, extrañas, preciosas y maravillosas cualidades. Todas las personas que han logrado algo significativo en el mundo, ya sea en la industria, el comercio o el arte, lo han hecho gracias a este proceso.

9. El pensamiento es el vínculo de conexión entre lo infinito y lo finito, entre lo Universal y lo Individual. Hemos observado que existe una barrera infranqueable entre lo orgánico y lo inorgánico, y que la única forma en que la materia puede evolucionar es siendo impregnada con la vida, como una semilla que se sumerge en el mundo mineral y comienza a desarrollarse y extenderse. La materia inerte cobra vida, miles de dedos invisibles comienzan a tejer un ambiente propicio para la nueva llegada. A medida que la ley del crecimiento comienza a tener efecto, vemos que el proceso continua hasta que el lirio finalmente aparece. "Ni siquiera Salomón, con todo su esplendor, se vestía como uno de ellos" (Lucas 12:27).

10. De manera similar, se deja caer un pensamiento en la sustancia invisible de la Mente Universal, la sustancia de la cual todas las cosas son creadas, y a medida que se enraíza, la ley del crecimiento comienza a operar. Comenzamos a darnos cuenta de

que las condiciones y el entorno no son más que la manifestación objetiva de nuestro pensamiento.

11. La ley establece que el Pensamiento es una forma activa y vital de energía dinámica que tiene el poder de conectarse con su objeto y traerlo desde la sustancia invisible, el origen de todas las cosas, hacia el mundo visible y objetivo. Esta ley es la Llave Maestra que nos permite acceder al Lugar Secreto del Altísimo y nos otorga "Dominio sobre todas las cosas". Cuando comprendemos esta ley, "Decidiremos una cosa y se cumplirá" (Job 22:28).

12. Esto no podría ser de otra manera, ya que si el alma del Universo, tal como la conocemos, es el Espíritu Universal, entonces, el Universo es simplemente la condición que el Espíritu Universal ha creado para sí mismo. Nosotros, como seres individualizados, estamos creando nuestras propias condiciones para el crecimiento de la misma manera.

13. Este poder creativo depende de nuestro reconocimiento del poder potencial del Espíritu o Mente Universal y no debe confundirse con la Evolución. La Creación implica traer a la existencia lo que no existe en el mundo objetivo, mientras que la Evolución es simplemente el despliegue de las potencialidades inherentes en las cosas que ya existen.

14. Al aprovechar las maravillosas posibilidades que se nos ofrecen a través de la operación de esta ley, debemos recordar que nosotros no contribuimos de manera activa a su eficacia. Como el Gran Maestro dijo: "No soy yo quien hace las obras, sino el Padre que habita en mí, él hace las obras". Deberíamos adoptar la misma posición; no podemos hacer nada para facilitar

la manifestación, simplemente debemos obedecer la ley y confiar en que la Mente Universal, la fuente de todo, producirá los resultados.

15. El gran error que se comete en la actualidad es creer que el individuo debe originar la inteligencia a través de la cual lo Infinito puede materializar un propósito o resultado específico. Esto no es necesario en absoluto; podemos confiar en que la Mente Universal encontrará los medios y las formas para producir cualquier manifestación necesaria. Nuestra tarea es crear el ideal, y este ideal debe ser perfecto.

16. Sabemos que las leyes que rigen la electricidad se han formulado de tal manera que este poder invisible puede ser controlado y utilizado para nuestro beneficio y comodidad de innumerables maneras. Por ejemplo, sabemos que los mensajes se transmiten por todo el mundo, que las máquinas realizan tareas enormes, y que la mayoría del mundo está ahora iluminado. Sin embargo, también sabemos que si violamos estas leyes, ya sea consciente o inconscientemente, tocando un cable con corriente cuando no está correctamente aislado, el resultado será desagradable y posiblemente desastroso. La falta de comprensión de las leyes que rigen el mundo invisible conlleva consecuencias similares, y muchas personas están sufriendo las consecuencias todo el tiempo.

17. Se ha explicado que la ley de la causalidad depende de la polaridad y que es necesario formar un circuito. Este circuito no puede crearse a menos que operemos en armonía con la ley. ¿Pero cómo podemos operar en armonía con la ley si no conocemos cuál es esa ley? ¿Y cómo llegaremos a conocer la ley? A través del estudio y la observación.

18. La ley en funcionamiento es evidente en todas partes; la naturaleza misma es un testimonio constante de cómo opera la ley, manifestándose silenciosa y continuamente en el proceso de crecimiento. Donde hay crecimiento, hay vida; y donde hay vida, debe haber armonía. Por lo tanto, todo lo que tiene vida, está atrayendo constantemente hacia sí las condiciones y el suministro necesario para su más completa expresión.

19. Si tus pensamientos están en armonía con el principio creativo de la naturaleza, están en sintonía con la Mente Infinita y formarán un circuito que no retornará vacío. Sin embargo, es posible que tengas pensamientos que no estén en consonancia con lo infinito, y cuando no hay polaridad, el circuito no se forma. ¿Cuál es el resultado entonces? ¿Qué sucede cuando un generador de electricidad está funcionando, pero se corta el circuito y no hay salida? El generador se detiene.

20. Será exactamente lo mismo contigo. Si mantienes pensamientos que no están en armonía con lo Infinito, no pueden polarizarse; no hay circuito, te aíslas. Estos pensamientos se adhieren a ti, te acosan, te preocupan y, finalmente, pueden causar enfermedad e incluso la muerte. Aunque un médico pueda no diagnosticar el caso exactamente de esa manera, es posible que le dé un nombre específico que se ha creado para describir las numerosas enfermedades que son el resultado del pensamiento incorrecto. Sin embargo, la causa subyacente es la misma.

21. El pensamiento constructivo necesariamente debe ser creativo, pero el pensamiento creativo también debe ser

LECCIÓN 10

armonioso. Esto excluye cualquier pensamiento destructivo o competitivo.

22. La sabiduría, la fortaleza, el coraje y todas las condiciones armoniosas son el resultado del poder, y hemos visto que todo poder proviene del interior. Del mismo modo, cada carencia, limitación o circunstancia adversa es el resultado de la debilidad, y la debilidad es simplemente la ausencia de poder. No tiene una fuente propia ni una entidad en sí misma. El remedio consiste simplemente en desarrollar el poder, y se logra de la misma manera en que se desarrolla todo poder: mediante el ejercicio constante.

23. Este ejercicio consiste en hacer una aplicación de tu conocimiento. El conocimiento no se aplicará solo. Eres tú quien debe llevar a cabo la aplicación. La abundancia no se manifestará por sí sola desde el cielo ni caerá en tu regazo. Sin embargo, al reconocer conscientemente la ley de atracción, tener la intención de ponerla en funcionamiento para un propósito específico y definido, y estar dispuesto a llevar a cabo ese propósito, lograrás la materialización de tus deseos a través de una ley natural de Transferencia. Si estás en un negocio, este crecerá y se desarrollará a través de canales habituales, y es posible que se abran nuevos y excepcionales canales de distribución. Cuando esta ley esté en pleno funcionamiento, notarás que las cosas que buscas también te buscarán a ti.

24. selecciona un espacio en blanco en la pared o en cualquier otro lugar conveniente donde normalmente te sientes. Ahora, mentalmente, imagina una línea horizontal negra de

aproximadamente 15 cm de largo y trata de visualizarla con tanta claridad como si estuviera pintada en la pared. Luego, dibuja mentalmente dos líneas verticales que conecten con esta línea horizontal en cada extremo, creando así un cuadrado en tu mente. Intenta visualizar este cuadrado de manera perfecta. Una vez que puedas hacerlo, agrega un círculo dentro del cuadrado en tu mente y luego coloca un punto en el centro del círculo. A continuación, imagina que este punto se eleva hacia ti a una distancia de aproximadamente 25 cm., ahora tienes un cono en una base cuadrada. Recordarás que tu trabajo estaba todo en negro; ahora cambia los colores a blanco, rojo y amarillo.

25. Si logras realizar este ejercicio, estarás haciendo un excelente progreso y pronto tendrás la habilidad de concentrarte en cualquier problema o asunto que tengas en mente.

> Cuando cualquier objeto o propósito se mantiene claramente en el pensamiento, su manifestación en forma tangible y visible es solo cuestión de tiempo. La visión siempre precede y determina la realización.
>
> — Lillian Whiting.

LECCIÓN 10

PREGUNTAS Y RESPUESTAS

¿Qué es la Riqueza?
La Riqueza es la descendencia del poder.

¿De qué valor son las posesiones?
Las posesiones tienen valor solamente mientras confieren poder.

¿Qué valor tiene el conocimiento de causa y efecto?
El conocimiento de causa y efecto permite a las personas planear valerosamente y ejecutar sin miedo.

¿Cómo se origina la vida en el mundo inorgánico?
La vida en el mundo inorgánico se origina solamente con la introducción de alguna forma viva. No hay otra manera.

¿Cuál es el puente de conexión entre lo finito y lo infinito?
El Pensamiento es el puente de conexión.

¿Por qué es así?
Porque lo Universal solo se puede manifestar a través de lo individual.

LECCIÓN 11

INTRODUCCIÓN

Tu vida está regida por la ley, por principios reales e inmutables que nunca cambian. La ley está en constante funcionamiento, en todas partes. Leyes fijas subyacen a todas las acciones humanas. Por esta razón, aquellos que controlan grandes industrias pueden determinar con absoluta precisión qué porcentaje de cada cien mil personas responderá a ciertas condiciones dadas.

Sin embargo, es importante recordar que, aunque cada efecto es el resultado de una causa, ese efecto se convierte a su vez en una causa que crea otros efectos, y estos, a su vez, generan más causas. Por lo tanto, cuando pones en marcha la ley de la atracción, debes recordar que estás iniciando una cadena de causalidades o, dicho de otra manera, algo que puede tener infinitas posibilidades.

A menudo escuchamos a las personas decir: 'En mi vida surgió una situación muy angustiosa que no puede haber sido el resultado de mi pensamiento, porque ciertamente nunca tuve ningún pensamiento que pudiera dar lugar a tal resultado'. Olvidamos que los iguales se atraen en el mundo mental y que los pensamientos que albergamos atraen hacia nosotros ciertas amistades y compañías de cierta clase, y estas a su vez generan las condiciones y el entorno, que a su vez son responsables de las situaciones de las cuales nos quejamos.

LECCIÓN 11

RESPUESTAS DE LA NATURALEZA

1. El razonamiento inductivo es el proceso de la mente objetiva mediante el cual comparamos diversos casos entre sí hasta identificar el factor común que da origen a todos ellos.

2. La inducción se basa en la comparación de hechos. Este enfoque de estudio de la naturaleza ha llevado al descubrimiento de un reino de leyes que ha dejado una huella significativa en el progreso humano.

3. Constituye la línea que separa la superstición de la inteligencia. Ha eliminado la incertidumbre y el capricho, reemplazándolos con la ley, la razón y la certeza.

4. Es el "vigilante en la puerta", mencionado en una lección anterior.

5. Gracias a este principio, el mundo tal como lo conocíamos experimentó una revolución; el sol fue atrapado en su curso, la tierra aparentemente plana se transformó en una esfera en movimiento, la materia inerte se reveló como elementos activos, y el universo se mostró repleto de energía, movimiento y vida, explorado a través del telescopio y el microscopio. Ante esto, surge la inevitable pregunta: ¿cómo se mantienen las delicadas formas de organización en perfecto estado y orden?

6. Los polos similares y fuerzas afines se repelen mutuamente o permanecen impenetrables, y esta causa parece ser suficiente para establecer la ubicación y distancia adecuada entre las estrellas, los seres humanos y las fuerzas. Cuando individuos con

diferentes virtudes se asocian, los polos opuestos se atraen, y elementos que carecen de propiedades comunes, como los ácidos y gases, se adhieren preferentemente, creando un intercambio constante entre el excedente y la demanda.

7. De la misma manera en que los ojos buscan y reciben satisfacción de colores complementarios, las necesidades, deseos y anhelos individuales, en su sentido más amplio, inducen, guían y determinan la acción.

8. Tenemos el privilegio de tomar conciencia de este principio y actuar en consecuencia. Cuvier examina un diente perteneciente a una especie extinta de animales. Este diente requiere un cuerpo específico para cumplir su función, y Cuvier es capaz de reconstruir con precisión el cuerpo característico de este animal.

9. Observamos perturbaciones en el movimiento de Urano. Leverrier necesita que exista otra estrella en una ubicación específica para mantener el sistema solar en orden, y así, Neptuno aparece en el lugar y momento indicados.

10. Las necesidades instintivas del animal y las necesidades intelectuales de Cuvier; las necesidades de la naturaleza y las de la mente de Leverrier eran similares, y los resultados también lo fueron. Aquí, los pensamientos de una existencia; allá, la existencia misma. Por lo tanto, una necesidad bien definida, de acuerdo con la ley, proporciona la base para las operaciones más complejas de la naturaleza.

11. Una vez que hemos registrado adecuadamente las respuestas proporcionadas por la naturaleza y ampliado nuestros sentidos a través del desarrollo de la ciencia, y al haber conectado nuestras

LECCIÓN 11

manos con los controles que gobiernan la Tierra, nos volvemos conscientes de un vínculo tan cercano, variado y profundo con el mundo exterior que nuestros deseos y objetivos se entrelazan de manera significativa con las operaciones armoniosas de esta vasta organización. En ese momento, la vida, la libertad y la felicidad de un ciudadano se encuentran intrínsecamente relacionadas con la existencia de su gobierno.

12. De la misma manera en que los intereses individuales se protegen mediante las fuerzas armadas de la nación, además de las propias capacidades, y las necesidades personales pueden depender de ciertas fuentes de manera más universal y constante, la ciudadanía consciente en la República de la naturaleza nos resguarda de las molestias causadas por agentes subordinados, al aliarse con poderes superiores y apelar a las leyes fundamentales de resistencia o incentivo ofrecido a los agentes mecánicos o químicos. Esto implica la distribución del trabajo entre ellos y el ser humano, en beneficio del inventor.

13. Si Platón hubiera tenido la oportunidad de ver las imágenes del sol captadas por un fotógrafo, o cientos de ilustraciones similares creadas por el individuo a través de la inducción, quizás habría evocado la memoria del proceso intelectual de su maestro. En su mente, podría haber surgido la visión de una tierra donde todo el trabajo manual, mecánico y repetitivo es encomendado al poder de la naturaleza, donde nuestros deseos son satisfechos mediante operaciones puramente mentales impulsadas por la voluntad, y donde la provisión es creada en respuesta a la demanda.

14. Por lejana que pueda parecer esta tierra, la inducción ha enseñado a la humanidad a progresar en ella y la ha rodeado de

beneficios que actúan como recompensas por su fidelidad pasada e incentivos para una dedicación aún más profunda.

15. También proporciona una herramienta para concentrar y fortalecer nuestras facultades, ofreciendo una solución infalible tanto a problemas individuales como universales, a través de la simple operación de la mente en su forma más pura.

16. Aquí encontramos un método cuyo espíritu es creer que lo que se busca ya se ha logrado y se logrará. Este método nos llega como legado de Platón, quien, fuera de nuestra esfera, nunca podría haber comprendido cómo las ideas se convierten en realidades.

17. Esta concepción también fue desarrollada por Swedenborg en su doctrina de correspondencias, y un maestro aún más grande que todos, ha dicho: "Lo que deseas, cuando ores, cree que ya las recibiste, y las tendrás" (Marcos 11:24). Es importante notar la diferencia en los tiempos en este pasaje.

18. En primer lugar, debemos creer que nuestro deseo ya se ha cumplido, y luego su manifestación seguirá. Esta es una instrucción concisa sobre cómo utilizar el poder creativo del pensamiento impresionando en la Mente Subjetiva Universal la cosa específica que deseamos como un hecho ya existente.

19. De esta manera, estamos pensando en el plano absoluto y eliminando todas las consideraciones relacionadas con condiciones o limitaciones. Estamos sembrando una semilla que, si la dejamos sin perturbaciones, finalmente germinará y dará lugar a un fruto externo.

20. Para repasar: El razonamiento inductivo es el proceso de la mente objetiva, mediante el cual comparamos varios casos separados hasta identificar el factor común que los produce o genera a todos. En todos los países civilizados del mundo, observamos a personas obteniendo resultados a través de un proceso que parecen no comprender completamente y que a menudo revisten de cierto misterio. La razón nos fue otorgada con el propósito de descubrir la ley mediante la cual se logran estos resultados.

21. La operación de este proceso de pensamiento se refleja en las personas afortunadas que poseen naturalmente lo que otros deben adquirir mediante un arduo trabajo. Estas personas nunca luchan con su conciencia porque siempre actúan con rectitud y nunca pueden comportarse de otra manera que con discreción y tacto. Aprenden con facilidad, completan con destreza todo lo que emprenden y viven en constante armonía consigo mismas, sin alardear de sus logros ni experimentar dificultades o esfuerzos significativos.

22. Los frutos de este pensamiento podrían considerarse un don de los dioses, pero es un don que pocos alcanzan, aprecian o comprenden completamente. Es de suma importancia reconocer el poder asombroso que la mente posee en condiciones adecuadas y comprender que este poder puede ser utilizado, dirigido y puesto a disposición para resolver cualquier problema humano.

23. La verdad es inmutable, ya sea expresada en términos científicos contemporáneos o en el lenguaje de épocas pasadas. Algunas personas de naturaleza cautelosa no comprenden que la verdad completa requiere múltiples declaraciones, y que ninguna fórmula humana puede abarcar todos sus aspectos.

24. Cambiar, enfatizar o expresar la verdad en un nuevo lenguaje, con interpretaciones innovadoras y perspectivas desconocidas, no indica que nos alejemos de la verdad, como algunos creen, sino más bien que la verdad se está comprendiendo en nuevas relaciones con las necesidades humanas y se está haciendo más accesible.

25. La verdad debe ser comunicada a cada generación y a cada comunidad en términos nuevos y diversos, de la misma manera en que el Gran Maestro dijo: "cree que has recibido y recibirás", o cuando Pablo dijo: "la fe es la sustancia de lo que se espera, la evidencia de lo que no se ve", o cuando la ciencia moderna afirma: "la ley de la atracción es la ley por la cual el pensamiento se relaciona con su objeto". Si analizamos cada declaración, encontramos que expresan exactamente la misma verdad, y la única diferencia radica en la forma de presentación.

26. Nos encontramos al borde de una nueva era. Ha llegado el momento en que el ser humano ha desvelado los secretos de la maestría, y se está preparando el terreno para un nuevo orden social que será más asombroso que cualquier cosa que se haya soñado hasta ahora. Los conflictos entre la ciencia moderna y la teología, el estudio comparativo de las religiones y el poder de los nuevos movimientos sociales no son más que la preparación del camino hacia este nuevo orden. Pueden haber destruido las formas tradicionales, las cuales han vuelto obsoletas e impotentes, pero nada de valor se ha perdido.

27. Una nueva fe ha nacido, una fe que exige una nueva forma de expresión, y esta fe está tomando forma en una profunda

conciencia de poder que se está manifestando en la actual actividad espiritual que se encuentra en todas partes.

28. El espíritu que duerme en el mineral, respira en el vegetal, se mueve en el animal y alcanza su más alto desarrollo en el ser humano, es la Mente Universal. Nos corresponde cerrar la brecha entre el ser y el hacer, entre la teoría y la práctica, demostrando nuestro entendimiento del dominio que se nos ha conferido.

29. Sin duda, el mayor descubrimiento de todos los tiempos es el poder del pensamiento. La importancia de este descubrimiento ha tardado un poco en llegar a la conciencia colectiva, pero finalmente ha llegado, y su relevancia se manifiesta en todos los ámbitos de investigación.

30. Te preguntas, ¿en qué consiste el poder creativo del pensamiento? Consiste en la generación de ideas, y estas ideas, a su vez, se materializan en formas objetivas a través de la invención, la observación, el discernimiento, el descubrimiento, el análisis, la maestría, la combinación y la aplicación de materia y fuerza. Esto es posible porque el pensamiento es un poder creativo dotado de inteligencia.

31. El pensamiento alcanza su actividad más elevada cuando se sumerge en su propia misteriosa profundidad, cuando abre el estrecho camino del ser y avanza de verdad en verdad hacia la región de la luz eterna, donde todo lo que fue, es o será, se funde en una gran armonía.

32. De este proceso de autocontemplación proviene la inspiración, que es inteligencia creativa y que sin duda supera a cada elemento, fuerza o ley de la naturaleza, ya que puede

comprenderlos, modificarlos, dominarlos y aplicarlos para sus propios fines y propósitos, de ahí que los posea.

33. La sabiduría comienza en el amanecer de la razón, y la razón es simplemente la comprensión de conocimientos y principios mediante los cuales podemos entender el verdadero significado de las cosas. La sabiduría, por lo tanto, es la razón iluminada, y esta sabiduría lleva a la humildad, ya que la humildad es una parte fundamental de la sabiduría.

34. Todos conocemos a personas que han logrado lo aparentemente imposible, que han realizado el sueño de su vida, que han transformado todo, incluyéndose a sí mismas. A veces nos hemos maravillado ante la demostración de un poder aparentemente infalible que aparece justo cuando más se necesita. Pero ahora todo está claro. Todo lo que se requiere es una comprensión de ciertos principios fundamentales bien definidos y su aplicación adecuada.

35. Para tu ejercicio esta semana, concéntrate en la cita tomada de la Biblia: "Cualquier cosa que deseen, cuando oren, crean que ya lo han recibido y lo recibirán". Esta afirmación no establece límites, "cualquier cosa" es muy claro, sugiere que la única restricción que se nos impone es nuestra capacidad de pensar; de estar a tono con la ocasión; elevarse de la emergencia; recordar que la Fe no es una sombra, sino una sustancia, "la sustancia de las cosas esperadas, la evidencia de las cosas que no se ven".

LECCIÓN 11

La muerte es simplemente el proceso natural mediante el cual todas las formas materiales son arrojadas al crisol para ser recreadas en una nueva y fresca diversidad.

PREGUNTAS Y RESPUESTAS

¿Qué es el razonamiento inductivo?
El razonamiento inductivo es el proceso de la mente objetiva mediante el cual comparamos varios casos separados hasta identificar el factor común que los origina.

¿Qué se ha logrado con este método de estudio?
Ha dado lugar al descubrimiento de un reino de la ley que ha marcado una época en el progreso humano.

¿Qué es lo que guía y determina la acción?
La necesidad, deseo y anhelo, lo cual en el sentido más amplio induce, dirige y determina la acción.

¿Cuál es la fórmula para la solución infalible de cada problema individual?
La fórmula para la solución infalible de cada problema individual es creer que nuestro deseo ya se ha cumplido, lo que conduce a su manifestación.

¿Qué grandes maestros lo recomendaron?
Jesús, Platón, Swedenborg.

☐

¿Cuál es el resultado de este proceso de pensamiento?
Estamos pensando en el plano de lo absoluto y estamos plantando una semilla que, si se deja sin perturbar, germinará en su fruto.

¿Por qué es esto científicamente exacto?

LECCIÓN 11

Este proceso es científicamente exacto porque se basa en una ley natural.

¿Qué es la Fe?
"La Fe es la sustancia de las cosas esperadas, la evidencia de las cosas que no se ven."

¿Qué es la ley de la atracción?
La ley por la cual la Fe es llevada a la manifestación.

¿Qué importancia le das a la comprensión de esta ley?
Ella ha eliminado los elementos de incertidumbre y capricho en las vidas de las personas, sustituyéndolos por ley, razón y certeza.

XII

LECCIÓN 12

INTRODUCCIÓN

Comenzaremos con la Lección Doce. En el cuarto párrafo encontrarás la siguiente frase: "Primero debes tener el conocimiento de tu poder; segundo, el valor para atreverse; tercero, la fe para hacer". Si te concentras en los pensamientos entregados, si les das tu entera atención, descubrirás un mundo de significado en cada frase. Atraerán hacia ti otros pensamientos en armonía con ellos, y pronto comprenderás completamente el conocimiento vital en el que te estás concentrando.

El conocimiento no se aplica por sí solo; nosotros, como individuos, debemos llevar a cabo la aplicación. Y esa aplicación implica impregnar el pensamiento con un propósito vivo. El tiempo y el pensamiento que muchas personas desperdician en esfuerzos sin rumbo podrían lograr maravillas si se dirigieran adecuadamente hacia un objetivo específico. Para lograrlo, es necesario concentrar tu energía mental en un pensamiento específico y mantenerlo allí, excluyendo todos los demás. Si alguna vez has mirado a través del visor de una cámara, habrás notado que cuando el objeto no está enfocado correctamente, la imagen es poco clara y posiblemente borrosa. Pero cuando logras el enfoque adecuado, la imagen es nítida y definida. Esto ilustra el poder de la concentración. Si no puedes concentrarte en el objeto que tienes en mente, solo tendrás una imagen vaga, indiferente, imprecisa y borrosa de tu ideal, y los resultados serán acordes con tu imagen mental.

LECCIÓN 12

ENTENDIENDO LA LEY DE ATRACCIÓN

1. No existe un propósito en la vida que no pueda lograrse mediante un mejor entendimiento científico del poder creativo del pensamiento.

2. El poder de pensar es común a todos. El ser humano existe porque piensa. Su poder para pensar es infinito y, por lo tanto, su poder creativo es ilimitado.

3. Sabemos que el pensamiento está construyendo para nosotros aquello en lo que enfocamos nuestras mentes y lo acerca a la realidad. Sin embargo, a menudo nos resulta difícil superar el miedo, la ansiedad o la desesperanza, que son poderosas fuerzas del pensamiento que constantemente alejan las cosas que deseamos. Por lo tanto, a veces avanzamos un paso y retrocedemos dos.

4. La única forma de evitar retroceder es seguir avanzando. La vigilancia constante es el precio del éxito. Hay tres pasos y cada uno es absolutamente esencial. Primero, debes reconocer tu propio poder; segundo, tener el valor de atreverte; tercero, tener la fe para actuar.

5. Con esta base, puedes construir un negocio ideal, un hogar ideal, amigos ideales y un entorno ideal. No estás limitado en términos de materiales o costos. El pensamiento es omnipotente y tiene el poder de atraer todo lo que necesitas del Banco Infinito de la sustancia primaria. Por lo tanto, recursos infinitos están a tu disposición.

6. Sin embargo, tu ideal debe ser preciso, claro y definido. Tener un ideal hoy, otro mañana y un tercero la semana que viene, significa dispersar tus fuerzas y no conseguir nada; el resultado será una mezcla caótica y sin sentido de recursos desperdiciados.

7. Desafortunadamente, este es el resultado que muchos están asegurando para sí mismos al cambiar sus objetivos constantemente. La causa de esto es evidente. Si un escultor comenzara a tallar una pieza de mármol y cambiara su visión cada quince minutos, ¿qué resultado esperaría? ¿Y por qué deberías esperar un resultado diferente al moldear la más maravillosa y plástica de todas las sustancias, la única sustancia real?

8. El resultado de esta indecisión y pensamiento negativo a menudo se traduce en la pérdida de la riqueza material. La supuesta independencia que tomó años de trabajo y esfuerzo lograr desaparece repentinamente. Con frecuencia, descubrimos que el dinero y las posesiones no representan independencia en absoluto. Por el contrario, la única independencia real se encuentra en el conocimiento práctico del poder creativo del pensamiento.

9. Este método de trabajo práctico no puede llegar hasta que comprendas que el único poder real que posees es el poder para ajustarte a los Principios Divinos e Inmutables. No puedes cambiar lo Infinito, pero puedes llegar a entender las Leyes Naturales. La recompensa de este entendimiento es una comprensión consciente de tu capacidad para alinear tus facultades de pensamiento con el Pensamiento Universal que es Omnipresente. Tu habilidad para cooperar con esta Omnipotencia indicará el grado de éxito que alcanzarás.

10. El poder del pensamiento tiene muchas imitaciones que pueden resultar fascinantes, pero sus efectos suelen ser más perjudiciales que beneficiosos.

11. Por supuesto, la preocupación, el miedo y todos los pensamientos negativos cosechan resultados acordes a su naturaleza. Aquellos que albergan este tipo de pensamientos inevitablemente recogen lo que han sembrado.

12. También están los entusiastas de los fenómenos que se emocionan con las llamadas "pruebas" y "demostraciones" obtenidas en sesiones de materialización. Abren sus mentes de par en par y se sumergen en las corrientes más perjudiciales que se pueden encontrar en el mundo psíquico. Parecen no entender que al volverse negativos, receptivos y pasivos, agotan su propia fuerza vital, lo que les permite experimentar esas formas de pensamiento vibratorio.

13. Están también los adoradores hindúes, que ven una fuente de poder en los fenómenos de materialización realizados por los llamados "adeptos", a veces olvidan o simplemente no comprenden que tan pronto como la voluntad se retira, las formas se marchitan y las fuerzas vibratorias de las que están compuestas se desvanecen.

14. La telepatía o transferencia de pensamiento ha recibido bastante atención, pero dado que requiere un estado mental negativo por parte del receptor, su práctica puede resultar dañina. Se puede enviar un pensamiento con la intención de escuchar o ver, pero esto traerá consigo el castigo asociado a la inversión del principio que involucra.

15. En muchos casos, el hipnotismo es peligroso, tanto para el sujeto como para el operador. Nadie familiarizado con las leyes que gobiernan el mundo mental pensaría en tratar de dominar la voluntad de otro, ya que al hacerlo, gradualmente (pero con seguridad), se privaría a sí mismo de su propio poder.

16. Todas estas perversiones pueden proporcionar una satisfacción temporal y, para algunos, una gran fascinación. Sin embargo, hay una fascinación infinitamente mayor en la verdadera comprensión del Mundo del Poder Interno, un poder que aumenta con su uso, que es permanente y nunca te abandona. No solo actúa como una agencia correctiva para remediar errores pasados o los resultados de pensamientos equivocados, sino que también es una agencia preventiva que nos protege de todo tipo de peligros y, en última instancia, es una verdadera fuerza creativa con la cual podemos construir nuevas condiciones y un nuevo entorno.

17. La ley es que el pensamiento se correlaciona con su objeto y materializa en el mundo físico la correspondencia de lo que se piensa o se crea en el mundo mental. Así que comprendemos la absoluta necesidad de asegurarnos de que cada pensamiento contenga el germen inherente de la Verdad, para que la Ley del Crecimiento lo manifieste como bien, ya que solo el bien puede conferir poder permanente.

18. El principio que da al pensamiento el poder dinámico para correlacionarse con su objeto y, por lo tanto, para controlar cualquier experiencia humana adversa, es la Ley de Atracción, que es otro nombre para el amor. Este es un principio eterno y fundamental que subyace en todas las cosas, en cada sistema

filosófico, en cada religión y en cada ciencia. No hay escapatoria de la Ley del Amor. Es el sentimiento lo que infunde vitalidad al pensamiento. El sentimiento es deseo, y el deseo es amor. El pensamiento impregnado con amor se vuelve invencible.

19. Encontramos esta verdad enfatizada en cualquier lugar donde se comprenda el poder del pensamiento. La Mente Universal no es solo Inteligencia, sino también sustancia. Esta sustancia es una fuerza atractiva que une a los electrones según la ley de atracción para que formen átomos; los átomos, a su vez, se unen por la misma ley y forman moléculas; las moléculas toman formas objetivas y así encontramos que la Ley del Amor es la fuerza creativa detrás de cada manifestación, no solo de átomos, sino también de mundos y del Universo en su conjunto, así como de todo lo que la imaginación pueda concebir.

20. La operación de esta maravillosa Ley de Atracción ha llevado a que las personas, en todas las edades y en todos los tiempos, crean que debe haber algún ser personal que responda a sus peticiones y deseos, y que orqueste los eventos para cumplir con sus solicitudes.

21. La combinación de Pensamiento y Amor forma la irresistible fuerza denominada Ley de Atracción. Todas las leyes naturales son infalibles, ya sea la ley de Gravitación, la ley de la Electricidad u cualquier otra, operan con exactitud matemática. No hay variación; la única posible imperfección reside en el canal de distribución. Si un puente se derrumba, no atribuimos ese colapso a ninguna variación en la Ley de Gravedad. Si una luz se apaga, no concluimos que no podemos confiar en las leyes que rigen la electricidad. De manera similar, si la Ley de Atracción parece ser imperfectamente demostrada por una

persona inexperta o mal informada, no deberíamos concluir que la Ley más Grande e Infalible, que sustenta todo el sistema de la Creación, ha sido suspendida. En cambio, deberíamos concluir que se necesita un mayor entendimiento de la Ley, de la misma manera en que la solución correcta a un complicado problema matemático no siempre se obtiene de manera fácil y rápida.

22. Las cosas se crean primero en el mundo mental o espiritual antes de manifestarse como hechos o eventos exteriores. Por medio del simple proceso de dirigir el poder de nuestro pensamiento hoy, contribuimos a crear los eventos que se presentarán en nuestras vidas en el futuro, quizás incluso mañana. El deseo educado es el medio más poderoso para poner en acción la Ley de Atracción.

23. El ser humano está constituido de tal manera que primero debe crear las herramientas o instrumentos mediante los cuales adquiere el poder de pensar. La mente no puede comprender completamente una idea nueva hasta que una célula cerebral correspondiente esté preparada para recibir esa idea. Esto explica por qué a menudo nos resulta difícil recibir o apreciar una idea completamente nueva; no disponemos de una célula cerebral capaz de recibirla, por lo tanto, somos escépticos y dudamos de ella.

24. Entonces, si no estás familiarizado con la Omnipotencia de la Ley de Atracción y el método científico para ponerla en funcionamiento, o si no comprendes las posibilidades ilimitadas que se abren para aquellos que están capacitados para aprovechar los recursos que ofrece, comienza ahora mismo y desarrolla las células cerebrales necesarias que te permitirán comprender los poderes ilimitados que pueden estar a tu alcance al cooperar con

LECCIÓN 12

la Ley Natural. Esto se logra a través de la concentración o la atención.

25. La intención dirige la atención. El poder surge del reposo. Es en la concentración donde se logran los pensamientos más profundos, las palabras más sabias y todas las fuerzas de gran potencial.

26. Es en el silencio donde entras en contacto con el poder Omnipotente de la mente subconsciente, de la cual se origina todo poder.

27. Aquel que desea sabiduría, poder o éxito permanente de cualquier tipo, lo encontrará únicamente en el interior; es un despliegue. El irreflexivo puede concluir que el silencio es muy simple y fácil de lograr, pero es importante recordar que solo en el absoluto silencio se puede entrar en contacto con la Divinidad, aprender las Leyes inmutables y abrir los canales a través de los cuales la práctica continua y la concentración conducirán a la perfección.

28. Esta semana, realiza el siguiente ejercicio: Siéntate en la misma habitación, en la misma silla y en la misma posición que de costumbre. Asegúrate de estar completamente relajado, tanto mental como físicamente. No te fuerces a hacer ningún trabajo mental bajo presión. Asegúrate de que no haya tensión en tus músculos ni nervios y que estés completamente cómodo. Luego, reconoce tu unidad con la Omnipotencia, entra en contacto con este poder. Desarrolla una profunda comprensión, apreciación y conciencia de que tu capacidad para pensar es, en última

instancia, tu capacidad para conectarte con la Mente Universal y manifestar tus deseos. Comprende que responderá a todas y cada una de tus peticiones. Comprende que posees exactamente la misma habilidad potencial que cualquier otro individuo que haya existido o existirá, ya que todos somos manifestaciones del Uno, partes del todo. No hay diferencia en tipo o cualidad, solo en grado.

> El pensamiento no puede concebir nada que no pueda ser traído a la expresión. Quién primero lo expresó puede ser solo el sugerente, pero el hacedor aparecerá.
>
> —Wilson.

LECCIÓN 12

PREGUNTAS Y RESPUESTAS

¿Cómo puede lograrse cualquier propósito en la vida?
A través de la comprensión científica de la naturaleza espiritual del pensamiento.

¿Cuáles son los tres pasos que son absolutamente esenciales?
El conocimiento de nuestro poder, el valor de atreverse y la fe para hacer.

¿Cómo se asegura el conocimiento práctico de trabajo?
Mediante la comprensión de las Leyes Naturales.

¿Cuál es la recompensa por entender esas leyes?
La comprensión consciente de nuestra habilidad para ajustarnos al Principio Divino e Inmutable.

¿Qué indicará el grado de éxito que logremos?
El grado en que comprendamos que no podemos cambiar lo infinito, sino que debemos cooperar con ello.

¿Cuál es el principio que le da al pensamiento su poder dinámico?
La Ley de Atracción que descansa en la ley de vibración, la cual, a su vez, descansa en la Ley del Amor. El Pensamiento impregnado de Amor se vuelve invencible.

¿Por qué esta ley es infalible?
Porque es una Ley Natural. Todas las leyes naturales son infalibles e inmutables y actúan con exactitud matemática. No hay desviación o variación.

Entonces, *¿Por qué a veces parece tan difícil encontrar la solución a nuestros problemas en la vida?*

Por la misma razón que algunas veces es difícil encontrar la solución correcta a un difícil problema matemático. El operador no tiene suficiente información o es inexperto.

¿Por qué es imposible para la mente aprehender por completo una idea nueva?

Porque no tenemos una célula cerebral correspondiente capaz de recibir tal idea.

¿Cómo se asegura la sabiduría?

Mediante la concentración. Es un desenvolvimiento; proviene desde el interior.

XIII

LECCIÓN 13

INTRODUCCIÓN

La ciencia física es responsable de la maravillosa era de invención en la que vivimos actualmente, pero la ciencia espiritual se está estableciendo en una carrera cuyas posibilidades nadie puede predecir. En el pasado, la ciencia espiritual solía ser un terreno para los incultos, supersticiosos y místicos, pero hoy en día, la atención se centra en métodos definidos y hechos demostrados.

Hemos llegado a comprender que el pensamiento es un proceso espiritual, que la visión y la imaginación preceden a la acción y los acontecimientos, y que el día del soñador ha llegado.

Las siguientes palabras de Herbert Kaufman son notables en este contexto: "Ellos son los arquitectos de la grandeza, con visiones que yacen en sus almas. Miran más allá de los velos y la niebla de la duda, y traspasan las paredes del tiempo aún no nacido. La cinta transportadora, el rastro de acero, el tornillo son llevados al telar donde tejen sus mágicos tapices. Los creadores del imperio han luchado por cosas más grandes que las coronas y han alcanzado alturas más grandes que los tronos. Tus hogares se alzan sobre la tierra encontrada por un soñador. Los cuadros en sus paredes son las visiones del alma de un soñador. Son los pocos elegidos, las luces del camino. Las paredes se desmoronan y los imperios caen, la marea se precipita desde el mar y arranca fortalezas de las rocas. Las naciones decadentes se desprenden de la rama del tiempo, y solo perduran las creaciones de los soñadores".

La siguiente lección, explica por qué los sueños de los soñadores se hacen realidad. Detalla la ley de causalidad que permite a los soñadores, inventores, autores y financieros convertir sus deseos en realidad. Explica la ley por la cual lo imaginado en nuestra mente, finalmente llega a ser nuestro.

☐

LECCIÓN 13

EL PENSAMIENTO: UN PROCESO ESPIRITUAL

1. Ha sido una tendencia y una necesidad para la ciencia buscar la explicación de hechos cotidianos mediante una generalización de aquellos otros que son menos frecuentes y que hacen la excepción. Así, la erupción de un volcán manifiesta el calor que está continuamente trabajando en el interior de la tierra, a lo cual esta última debe gran parte de su configuración.

2. Del mismo modo, el rayo revela un sutil poder que constantemente trabaja en la producción de cambios en el mundo inorgánico, y como las lenguas muertas, que ahora raramente se escuchan, una vez gobernaron entre las naciones, así también, un diente gigante en Siberia o un fósil en las profundidades de la tierra no solo proporcionan registro de la evolución de épocas pasadas, sino que también nos explican el origen de las colinas y los valles que hoy habitamos.

3. De esta manera, la generalización de los hechos que son raros, extraños o excepcionales ha sido como una aguja magnética que guía todos los descubrimientos de la ciencia inductiva.

4. Este método fue basado en la razón y la experiencia, por lo tanto, destruyó la superstición, el precedente y el convencionalismo.

5. Han pasado casi trescientos años desde que Lord Bacon recomendó este método de estudio, al cual las naciones civilizadas deben gran parte de su prosperidad y la parte más valiosa de su conocimiento. Este método limpió la mente de sus limitados prejuicios, llamados teorías, de manera más efectiva

que a través de la ironía más aguda. También atrajo la atención de las personas desde el cielo hasta la tierra, siendo más exitoso mediante experimentos sorprendentes que mediante la demostración más contundente de su ignorancia. Además, educó las facultades inventivas con más fuerza al ofrecer la perspectiva cercana de útiles descubrimientos abiertos a todos, en lugar de hablar de sacar a la luz las leyes innatas de nuestra mente.

6. El método de Bacon tomó el espíritu y propósito de los grandes filósofos de Grecia y fue llevado a cabo por los nuevos medios de observación que ofrecía su época; revelando, gradualmente, un maravilloso campo de conocimiento en el espacio infinito de la astronomía, en el huevo microscópico de la embriología y en la sutil época de la geología; desvelando un orden del pulso que la lógica de Aristóteles nunca podría haber descubierto y analizando elementos previamente desconocidos, las combinaciones de materiales que ninguna dialéctica académica podría separar.

7. Esto ha alargado la vida; ha atenuado el dolor; ha extinguido enfermedades; ha aumentado la fertilidad de la tierra; ha dado nuevas seguridades al marinero; ha cruzado grandes ríos con puentes de formas desconocidas para nuestros padres; ha guiado el rayo del cielo a la tierra; ha iluminado la noche con el esplendor del día; ha ampliado el rango de la visión humana; ha multiplicado el poder de los músculos humanos; ha acelerado el movimiento; ha eliminado las distancias; ha facilitado el comercio, la correspondencia, todas las confortables oficinas, todos los despachos de negocios; ha permitido a los seres humanos descender en las profundidades del mar, volar por el aire y penetrar con seguridad en la nociva profundidad de la tierra.

8. Entonces, esta es la verdadera naturaleza y alcance de la inducción. Cuanto mayor es el éxito que los seres humanos han logrado en la ciencia inductiva, más nos convence todo el tenor de sus enseñanzas y su ejemplo de la necesidad de observar cuidadosamente los hechos individuales, con paciencia y precisión, antes de aventurarse en una declaración de leyes generales.

9. Para determinar la dirección de la chispa trazada por la máquina eléctrica bajo toda variedad de circunstancias, podríamos estar inspirados por Franklin para enviar una pregunta en forma de cometa a la nube sobre la naturaleza del relámpago. Para estar seguros de la manera en que los cuerpos caen con la exactitud de Galileo, con Newton podemos atrevernos a preguntarle a la luna acerca de la fuerza que la sujeta a la tierra.

10. En resumen, debido al valor que le damos a la verdad y a nuestra esperanza en un progreso constante y universal, no debemos permitir que un prejuicio tiránico niegue o mutila hechos no deseados, sino que debemos construir la superestructura de la ciencia sobre las bases amplias e inalterables de prestar atención plena tanto a los fenómenos aislados como a los frecuentes.

11. Se puede reunir un material cada vez mayor mediante la observación, pero los hechos acumulados son valorados de muchas formas diferentes en la explicación de la naturaleza. Así como valoramos en gran medida esas cualidades útiles en los seres humanos, que son de rara ocurrencia, también la filosofía natural examina cuidadosamente los hechos y atribuye una

importancia preferencial a esa sorprendente clase que no puede ser justificada por la observación de la vida común y corriente.

12. Entonces, si encontramos que ciertas personas parecen poseer poder inusual, ¿qué podemos concluir? Primero, podemos decir que no es así; lo cual es simplemente un reconocimiento de nuestra falta de información, ya que todo investigador honesto admite que hay muchos fenómenos extraños y anteriormente inexplicables ocurriendo constantemente. Sin embargo, para aquellos que están familiarizados con el poder creativo del pensamiento, estos fenómenos ya no serán considerados inexplicables.

13. Segundo, podemos decir que son el resultado de una interferencia sobrenatural, pero una comprensión científica de las leyes naturales nos convencerá de que no hay nada sobrenatural. Cada fenómeno es el resultado de una causa definida y exacta, y la causa es una ley o un principio inmutable que opera con invariable precisión, ya sea que la ley se ponga en operación conscientemente o inconscientemente.

14. Tercero, podemos decir que estamos en un "terreno prohibido" que hay algunas cosas que no debemos saber. Esta objeción ha sido utilizada contra cada avance en el conocimiento humano. Cada individuo que avanzó hacia una nueva idea, ya sea un Colón, un Darwin, un Galileo, un Fulton o un Emerson, fue objeto de ridículo o persecución; por lo tanto, esta objeción no debería recibir ninguna consideración seria. Por el contrario, debemos considerar cuidadosamente cada hecho que atraiga nuestra atención, ya que al hacerlo, determinaremos más fácilmente la ley sobre la cual se basa.

LECCIÓN 13

15. Se encontrará que el poder creativo del pensamiento explicará cada posible condición o experiencia, ya sea física, mental o espiritual.

16. El pensamiento producirá condiciones en correspondencia con la actitud mental predominante. Por lo tanto, si albergamos temores sobre un desastre, dado que el miedo es una poderosa forma de pensamiento, el desastre se convertirá en el resultado inevitable de nuestros pensamientos. Esta manera de pensar a menudo anula por completo los resultados de muchos años de arduo trabajo y dedicación.

17. Si dirigimos nuestros pensamientos hacia la búsqueda de riqueza material, podemos lograrla. A través del pensamiento enfocado, crearemos las condiciones necesarias y, al complementarlo con el esfuerzo adecuado, generaremos las circunstancias propicias para hacer realidad nuestros deseos. Sin embargo, en ocasiones descubrimos que, una vez que obtenemos las cosas que creíamos desear, no producen los efectos esperados. En otras palabras, la satisfacción resulta ser efímera o, en algunos casos, completamente opuesta a lo que esperábamos.

18. Entonces, ¿cuál es el método apropiado de procedimiento? ¿Qué debemos pensar para asegurar lo que realmente deseamos? Lo que todos nosotros deseamos, lo que anhelamos, lo que buscamos incansablemente, es la Felicidad y la Armonía. Si podemos alcanzar la verdadera felicidad, entonces tendremos todo lo que el mundo puede ofrecer. Cuando somos felices, tenemos la capacidad de hacer felices a los demás.

19. No obstante, es importante destacar que no podemos ser felices a menos que gocemos de buena salud, tengamos fuerza,

relaciones amigables, un entorno agradable, y no solo el sustento necesario para cubrir nuestras necesidades básicas, sino también la posibilidad de disfrutar de comodidades y lujos a los que tenemos derecho.

20. La antigua manera ortodoxa de pensamiento era ser "un gusano", conformarnos con lo que teníamos, sin importar cuán limitado fuera; pero la perspectiva moderna nos enseña que tenemos derecho a lo mejor en todas las áreas de la vida, que el "Padre y Yo somos Uno", y que el "Padre" es la Mente Universal, el Creador, la Sustancia Original de la cual proceden todas las cosas.

21. Admitiendo que, en teoría, todo esto es cierto y que ha sido una parte fundamental de la enseñanza de diversas filosofías y religiones a lo largo de los últimos dos mil años, la pregunta fundamental es: ¿cómo aplicamos esto en la práctica en nuestras vidas para obtener resultados tangibles y reales aquí y ahora?

22. En primer lugar, es esencial poner en práctica el conocimiento que tenemos. No podemos lograr nada de otra manera. Piensa en un atleta que puede estudiar libros y lecciones sobre entrenamiento físico durante toda su vida, pero si no comienza a ejercitar realmente su cuerpo, nunca obtendrá fuerza física. Eventualmente, obtendrá exactamente lo que invierte, pero primero debe hacer ese esfuerzo inicial. Lo mismo se aplica a nosotros en términos mentales y espirituales: obtendremos exactamente lo que damos, pero primero debemos darlo para que regrese a nosotros multiplicado. En este contexto, dar se refiere principalmente a un proceso mental, ya que los pensamientos son las causas y las condiciones son los efectos. Por lo tanto, cuando ofrecemos pensamientos de coraje, inspiración, salud o ayuda de

cualquier tipo, estamos poniendo en marcha causas que eventualmente darán lugar a sus efectos correspondientes.

23. El pensamiento es una actividad espiritual y, ciertamente, es creativo. Pero, no te equivoques, el pensamiento por sí solo no creará nada a menos que sea dirigido de manera consciente, sistemática y constructiva. Aquí radica la diferencia fundamental entre el pensamiento improductivo, que representa una mera dispersión de esfuerzo, y el pensamiento constructivo, que conlleva un potencial de logros prácticamente ilimitados.

24. Hemos aprendido que todo lo que recibimos viene a nosotros por la Ley de Atracción. Un pensamiento feliz no puede existir en una conciencia infeliz. Por lo tanto, si deseamos experimentar un cambio en nuestras circunstancias, debemos primero cambiar nuestra conciencia. A medida que nuestra conciencia se transforma gradualmente, todas las condiciones en nuestra vida también se adaptarán para reflejar ese cambio de conciencia y satisfacer los requisitos de la nueva situación.

25. Al crear una imagen mental o un ideal, estamos proyectando un pensamiento en la Sustancia Universal, de la cual se originan todas las cosas. Esta Sustancia Universal es Omnipresente, Omnipotente y Omnisciente. La pregunta es: ¿debemos informar a lo Omnisciente acerca del canal adecuado que debe utilizar para materializar nuestra demanda? ¿Puede lo finito aconsejar a lo infinito? Aquí radica la causa de cada fracaso. Si bien reconocemos la Omnipresencia de la Sustancia Universal, a menudo no apreciamos el hecho de que esta sustancia no solo es Omnipresente, sino también Omnipotente y Omnisciente. Por lo tanto, esta sustancia pondrá en marcha causas de las cuales podemos ser completamente ignorantes.

26. Para preservar nuestros intereses de manera óptima, debemos reconocer el Poder Infinito y la Sabiduría Infinita de la Mente Universal. De esta manera, nos convertimos en un canal a través del cual lo infinito puede llevar a cabo la realización de nuestros deseos. Esto significa que el reconocimiento lleva a la realización. Por lo tanto, en tu ejercicio de esta semana, utiliza este principio y reconoce el hecho de que eres una parte del todo. Comprende que una parte debe ser de la misma clase y calidad que el Todo; la única diferencia posible radica en el grado.

27. Cuando este magnífico hecho comience a impregnar tu conciencia, cuando realmente llegues a comprender que tú (no tu cuerpo, sino el "Yo" interior), el espíritu que piensa, es una parte integral del gran todo y que compartes la misma sustancia, calidad y esencia, porque el Creador no podría crear nada diferente de sí mismo, entonces podrás afirmar con convicción "el Padre y Yo somos Uno". En ese momento, alcanzarás una comprensión profunda de la belleza, la grandeza y las oportunidades trascendentales que están a tu disposición.

> Aumenta en mí esa sabiduría
> que descubre mi verdadero interés,
> refuerza mi resolución
> para realizar aquello que la sabiduría dicta.
>
> — Franklin.

LECCIÓN 13

PREGUNTAS Y RESPUESTAS

¿Cuál es el método mediante el cual los filósofos obtienen y aplican su conocimiento?

Ellos obtienen y aplican su conocimiento a través de un método que implica observar con atención los hechos individuales, con paciencia y precisión, utilizando todos los instrumentos y recursos disponibles, antes de aventurarse a formular declaraciones sobre leyes generales.

¿Cómo podemos estar seguros que este método es correcto?

Podemos estar seguros de que este método es correcto al no permitir que un prejuicio tiránico descuide o elimine hechos no deseados.

¿Qué clases de hechos son más altamente valorados?

Aquellos que no pueden ser explicados por la observación diaria de la vida cotidiana.

¿Sobre qué se funda este principio?

Este principio se fundamenta en la razón y la experiencia.

¿Qué destruye?

Destruye supersticiones, precedentes y convencionalidad.

¿Cómo se han descubierto estas leyes?

Mediante una generalización de hechos que son poco comunes, raros, extraños y que constituyen excepciones.

¿Cómo podemos explicar muchos de los fenómenos extraños y hasta ahora inexplicables que ocurren constantemente?

Pueden explicarse a través de la energía creativa del pensamiento.

¿Por qué?

Porque cuando aprendemos de un hecho podemos estar seguros que es el resultado de una causa definida y que funcionará con invariable precisión.

¿Cuál es el resultado de este conocimiento?

Nos permite explicar la causa de cada posible condición, ya sea física, mental o espiritual.

¿Cómo será preservado nuestro mejor interés?

Al reconocer que el entendimiento de la naturaleza creativa del pensamiento nos conecta con el poder infinito.

XIV

LECCIÓN 14

INTRODUCCIÓN

A través de este estudio, has llegado a comprender que el pensamiento es una actividad espiritual, en consecuencia, está dotado con poder creativo. No significa que "algunos pensamientos" son creativos, sino que todos los pensamientos lo son. Este mismo principio puede aplicarse en sentido negativo a través del proceso de la negación.

El consciente y el subconsciente son dos fases de acción en conexión con una mente. La relación del subconsciente con el consciente es similar a la que existe entre una veleta y la atmósfera. Así como incluso la menor presión atmosférica provoca una acción en la veleta, de la misma manera, incluso el pensamiento más mínimo sostenido por la mente consciente desencadena una acción en tu mente subconsciente, en proporción a la profundidad de sentimiento que acompaña al pensamiento y la intensidad con la que se sostiene. Por lo tanto, cuando niegas una condición insatisfactoria, estás retirando de esas condiciones el poder creativo de tu pensamiento. Estás cortándolas desde su raíz y eliminando su vitalidad.

Es importante recordar que la ley del crecimiento rige todas las manifestaciones en el mundo objetivo, por lo que la negación de condiciones insatisfactorias no generará un cambio instantáneo. Al igual que una planta permanece visible por un tiempo después de que se le cortan las raíces, gradualmente se desvanecerá y finalmente desaparecerá. De manera similar, al retirar tu atención del enfoque en condiciones insatisfactorias, gradual pero seguramente terminarás con esas condiciones.

Este enfoque de acción es exactamente opuesto a nuestra tendencia natural, por lo tanto, produce un efecto opuesto al que solemos obtener. La mayoría de las personas tienden a concentrarse intensamente en las condiciones insatisfactorias, lo que les proporciona la energía y la vitalidad necesarias para un crecimiento vigoroso.

□

LECCIÓN 14

INTELIGENCIA A TU SERVICIO

1. La Energía Universal, de la cual emanan todo movimiento, luz, calor y color, está más allá de las limitaciones de los efectos que genera. Es supremamente superior a todos ellos y constituye la fuente de todo Poder, Sabiduría e Inteligencia.

2. Reconocer esta inteligencia implica familiarizarse con la cualidad de conocimiento inherente a la Mente Universal y, a través de este reconocimiento, aprender a interactuar armoniosamente con la Sustancia Universal en relación con nuestros asuntos.

3. Este es un campo de descubrimiento que aún no ha sido explorado por los maestros más instruidos en ciencias físicas. De hecho, pocas de las escuelas materialistas han captado siquiera un destello de esta comprensión. No parecen darse cuenta de que esta sabiduría impregna todo, tanto como lo hacen la fuerza y la sustancia.

4. Algunos podrían preguntar: "Si estos principios son verdaderos, ¿por qué no los estamos demostrando? ¿Por qué no obtenemos los resultados adecuados si el principio fundamental es evidentemente correcto?" La respuesta es que obtenemos resultados en línea con nuestro entendimiento de la ley y nuestra capacidad para aplicarla correctamente. No obtuvimos resultados de las leyes que gobiernan la electricidad hasta que alguien formuló esas leyes y nos enseñó cómo aplicarlas.

5. Esta comprensión nos coloca en una relación completamente nueva con nuestro entorno, abriendo posibilidades que antes ni

siquiera habíamos imaginado, gracias a una secuencia ordenada de leyes que están intrínsecamente relacionadas con nuestra nueva mentalidad.

6. La Mente es creativa y el principio en el que se basa esta ley es sólido y legítimo, es inherente a la naturaleza de las cosas. Este poder creativo no se origina en lo individual, sino en lo Universal, que es el origen y fuente de toda energía y sustancia. Lo individual simplemente actúa como el canal a través del cual se distribuye esta energía. De esta manera, lo individual se convierte en el medio por el cual lo Universal crea las diversas combinaciones que dan lugar a la formación de los fenómenos.

7. Sabemos que los científicos han descompuesto la materia en un inmenso número de moléculas, y estas moléculas se han descompuesto en átomos, y los átomos en electrones. El descubrimiento de electrones en tubos de vidrio al vacío con terminales de metales pesados fusionados indica de manera concluyente que estos electrones llenan todo el espacio, que existen en todas partes, que son omnipresentes. Ellos llenan todos los cuerpos materiales y ocupan lo que solemos llamar "espacio vacío". Por lo tanto, esta es la Sustancia Universal de la cual se originan todas las cosas.

8. Los electrones podrían permanecer como electrones indefinidamente a menos que se les dirija hacia dónde ir para ensamblarse en átomos y moléculas. Este director es la Mente. Un conjunto de electrones girando alrededor de un centro de fuerza constituye un átomo, y estos átomos se combinan en proporciones matemáticamente regulares para formar moléculas. Las moléculas, a su vez, se unen entre sí para crear una variedad

LECCIÓN 14

de compuestos que, al combinarse, forman el Universo tal como lo conocemos.

9. El átomo más ligero conocido es el Hidrógeno, y es mil setecientas veces más pesado que un electrón. Un átomo de Mercurio es trescientas mil veces más pesado que un electrón. Los electrones son puramente negativos en cuanto a su carga eléctrica, y debido a que poseen la misma velocidad potencial que cualquier otra forma de energía cósmica, como el calor, la luz, la electricidad y el pensamiento, no están sujetos a consideraciones de tiempo ni espacio. La forma en que se determinó la velocidad de la luz es fascinante.

10. La velocidad de la luz fue calculada por el astrónomo danés Roemer en 1676, observando los eclipses de las lunas de Júpiter. Cuando la Tierra estaba más cerca de Júpiter, el eclipse parecía ocurrir aproximadamente ocho minutos y medio antes de lo esperado, y cuando la Tierra estaba más alejada de Júpiter, se producía alrededor de ocho minutos y medio después de lo calculado. Roemer concluyó que esto se debía a que se requerían diecisiete minutos para que la luz viajara desde Júpiter a través del diámetro de la órbita de la Tierra, que representaba la diferencia en las distancias entre la Tierra y Júpiter. Este cálculo ha sido verificado y se ha demostrado que la luz viaja a una velocidad de aproximadamente trescientos mil kilómetros por segundo.

11. Los electrones se manifiestan en el cuerpo humano en forma de células y poseen suficiente mente e inteligencia para llevar a cabo sus funciones en la anatomía física. Cada parte del cuerpo está compuesta por células, algunas de las cuales operan de manera independiente, mientras que otras trabajan en

comunidades. Algunas células se dedican a la construcción de tejidos, mientras que otras producen las diversas secreciones necesarias para el funcionamiento del cuerpo. Otras actúan como transportadoras de material, algunas desempeñan el papel de cirujanos, reparando daños, mientras que otras son responsables de eliminar los desechos. También hay células encargadas de proteger el cuerpo, repeliendo invasores y otros indeseables intrusos de la familia de los gérmenes.

12. Todas estas células trabajan juntas para un propósito común, y cada una de ellas no solo es un organismo vivo, sino que también posee la inteligencia necesaria para cumplir sus funciones específicas. Están dotadas de la suficiente inteligencia para conservar su energía y mantener su propia vida. Por lo tanto, tienen la responsabilidad de asegurarse de obtener suficiente alimento, y se ha descubierto que son capaces de ejercer elección en la selección de dicho alimento.

13. Cada célula nace, se reproduce, muere y finalmente es absorbida. La salud y la vida del organismo dependen de la regeneración constante de estas células.

14. En consecuencia, es evidente que hay una forma de mente en cada átomo del cuerpo; esta mente es de naturaleza negativa, y la capacidad del individuo para pensar la convierte en positiva, permitiéndole así controlar esta mente negativa. Esta es la explicación científica detrás de la sanación metafísica y proporciona una base para que todos comprendan el principio en el que se fundamenta este sorprendente fenómeno.

15. Esta mente negativa que reside en cada célula del cuerpo se ha denominado mente subconsciente, porque opera sin nuestro

conocimiento consciente. Hemos descubierto que esta mente subconsciente responde a la voluntad de la mente consciente.

16. Todas las cosas tienen su origen en la mente, y las apariencias son el resultado del pensamiento. De esta manera, observamos que las cosas en sí mismas carecen de un origen, permanencia o realidad intrínseca. Dado que son creadas por el pensamiento, también pueden ser disipadas por el pensamiento.

17. Tanto en la ciencia mental como en la ciencia natural, se realizan experimentos, y cada descubrimiento lleva a la humanidad un paso más cerca de su posible objetivo. Observamos que cada individuo es el reflejo de los pensamientos que ha sostenido a lo largo de su vida. Esto se refleja en su rostro, su forma, su carácter y su entorno.

18. Detrás de cada efecto existe una causa, y si seguimos el rastro de ese efecto hasta su punto de origen, encontraremos el principio creativo a partir del cual se desarrolló. La evidencia de esto es tan sólida que se ha convertido en una verdad ampliamente aceptada.

19. El mundo objetivo está influenciado por un poder invisible y, hasta ahora, inexplicable. Tradicionalmente, hemos personificado este poder y lo hemos llamado Dios. Sin embargo, ahora hemos llegado a verlo como la esencia que impregna todo o el Principio que subyace en todo lo que existe: lo Infinito o la Mente Universal.

20. La Mente Universal, siendo infinita y omnipotente, dispone de recursos ilimitados a su disposición. Al recordar que también es omnipresente, llegamos a la conclusión de que nosotros

también debemos ser una expresión o manifestación de esa Mente.

21. Un reconocimiento y comprensión de los recursos de la mente subconsciente nos indican que la única diferencia entre el subconsciente y la Mente Universal es una cuestión de grado. Difieren solamente como una gota de agua difiere del océano. Son de la misma naturaleza y calidad, la diferencia es solo de grado.

22. ¿Puedes apreciar la importancia de este hecho tan fundamental? ¿Comprendes que el reconocimiento de este hecho trascendental te conecta con la Omnipotencia? La mente subconsciente actúa como el puente entre la Mente Universal y la Mente Consciente. Por lo tanto, es evidente que la Mente Consciente puede conscientemente sugerir pensamientos que la mente subconsciente pondrá en acción. Dado que el Subconsciente es uno con lo Universal, también es evidente que no se puede poner límite a sus actividades.

23. Una comprensión científica de este principio explica los resultados asombrosos que se logran mediante el poder de la oración. Los resultados obtenidos de esta manera no son el resultado de ningún favor especial de la Providencia, sino, por el contrario, son el resultado de la operación de una ley perfectamente natural. Por lo tanto, no hay nada religioso ni misterioso en esto.

24. Sin embargo, hay muchas personas que no están dispuestas a comprometerse con la disciplina necesaria para pensar de manera correcta, incluso cuando es evidente que el pensamiento erróneo les ha llevado al fracaso.

LECCIÓN 14

25. El pensamiento es la única realidad; las condiciones son manifestaciones externas de ese pensamiento. A medida que el pensamiento cambia, todas las condiciones externas o materiales deben cambiar para estar en armonía con su creador, que es el pensamiento.

26. Pero el pensamiento debe ser claro, firme, estable, definido y constante. No puedes avanzar un paso y luego retroceder dos, ni puedes pasar décadas construyendo condiciones negativas como resultado de pensamientos negativos y esperar que desaparezcan como resultado de quince o veinte minutos de pensamiento correcto.

27. Si te comprometes con la disciplina necesaria para provocar un cambio radical en tu vida, debes hacerlo de manera consciente después de una reflexión cuidadosa y una consideración completa. Luego, no debes permitir que nada interfiera con tu determinación.

28. Esta disciplina, este cambio de pensamiento, esta actitud mental no solo te proporcionará las cosas materiales necesarias para tu bienestar más elevado, sino que también te brindará salud y condiciones armoniosas en general.

29. Si deseas tener condiciones armoniosas en tu vida, debes cultivar una actitud mental armoniosa.

30. Tu mundo externo será un reflejo de tu mundo interno.

31. Para tu ejercicio de esta semana, concéntrate en la Armonía. Cuando digo "concéntrate", me refiero a que te enfoques en todo lo que implica la palabra: sumérgete profundamente, intensamente, hasta el punto en que no seas consciente de nada más que la Armonía. Recuerda que aprendemos haciendo. Leer estas lecciones por sí solas no te llevará a ninguna parte. Su verdadero valor reside en su aplicación práctica.

> Aprende a mantener la puerta cerrada,
> Mantén fuera de tu mente y de tu mundo
> cualquier elemento que busque entrar
> sin un propósito útil a la vista.
>
> —George Mathew Adams.

LECCIÓN 14

PREGUNTAS Y RESPUESTAS

¿Cuál es la fuente de toda Sabiduría, Poder e Inteligencia?
La fuente de toda Sabiduría, Poder e Inteligencia es la Mente Universal.

¿Dónde tienen su origen todo movimiento, luz, calor y color?
Tienen su origen en la Energía Universal, que es una manifestación de la Mente Universal..

¿Dónde se origina el poder creativo del pensamiento?
Se origina en la Mente Universal.

¿Qué es el pensamiento?
El pensamiento se puede definir como Mente en Movimiento.

¿Cómo se diferencia lo Universal en forma?
Lo Universal se diferencia en forma a través de lo Individual, que actúa como el medio para la creación de diversos fenómenos.

¿Cómo se logra esto?
El poder de pensar del individuo es su habilidad para actuar sobre lo Universal y traerlo a la manifestación.

¿Cuál es la primera forma que toma lo Universal, hasta donde sabemos?
La primera forma que toma lo Universal son los Electrones, que llenan todo el espacio.

¿Dónde tienen su origen todas las cosas?
En la Mente.

¿Cuál es el resultado de un cambio de pensamiento?
Un cambio en las condiciones.

¿Cuál es el resultado de una actitud mental armoniosa?
Condiciones de vida armoniosas.

El pensamiento, a pesar de su naturaleza inmaterial, es la matriz que moldea todos los aspectos de la vida. La mente ha estado activa en todos los ámbitos durante este siglo fructífero, pero es en la ciencia donde debemos buscar los pensamientos que han dado forma a todo lo que conocemos.

XV

LECCIÓN 15

INTRODUCCIÓN

Los experimentos realizados con parásitos encontrados en las plantas, como los áfidos, revelaron que incluso los seres vivos de menor orden son capaces de aprovechar las leyes naturales. Este experimento fue conducido por el Dr. Jacques Loch, un miembro del Instituto Rockefeller. Para llevar a cabo el experimento, se tomaron arbustos de rosas en macetas y se colocaron frente a una ventana cerrada en una habitación. Cuando las plantas se secaban, los áfidos, que inicialmente carecían de alas, experimentaban una metamorfosis y se convertían en insectos alados. Después de esta transformación, los insectos abandonaban las plantas, volaban hacia la ventana y luego hacia arriba sobre el vidrio. Este comportamiento sugiere que estos diminutos insectos comprendieron que las plantas en las que habían estado viviendo ya estaban muertas y que ya no podían obtener alimento o agua de ellas. La única manera de salvarse de la inanición era desarrollar alas temporales y volar, y eso es precisamente lo que hicieron.

Experimentos como estos indican que la Omnisciencia, así como la Omnipotencia, es Omnipresente y que incluso el ser más diminuto puede aprovecharla en caso de emergencia La lección quince te proporcionará una comprensión más profunda de la ley que rige nuestra existencia. Explicará cómo estas leyes trabajan a nuestro favor, cómo todas las condiciones y experiencias que enfrentamos son para nuestro beneficio, cómo ganamos fuerza en proporción al esfuerzo que realizamos y cómo podemos encontrar la felicidad a través de una cooperación consciente con las leyes naturales.

LECCIÓN 15

PALABRAS Y PENSAMIENTOS

1. Las leyes que gobiernan nuestra existencia están diseñadas únicamente para nuestro beneficio. Estas leyes son inmutables y no podemos escaparnos de su operación.

2. Todas las grandes fuerzas eternas actúan en solemne silencio, pero está en nuestro poder ponernos en armonía con ellas y así expresar una vida de relativa paz y felicidad.

3. Las dificultades, la falta de armonía y los obstáculos en nuestra vida a menudo indican que estamos resistiendo el cambio necesario, aferrándonos a lo que ya no nos sirve o rechazando lo que necesitamos.

4. El crecimiento se logra mediante un intercambio de lo viejo por lo nuevo, de lo bueno por lo mejor. Esta es una acción condicional o recíproca, porque cada uno de nosotros es una entidad de pensamiento completa y esta integridad hace posible que recibamos solamente en la medida que damos.

5. No podemos obtener lo que nos falta si nos aferramos tenazmente a lo que tenemos. Nuestra capacidad para controlar conscientemente nuestras condiciones depende en gran medida de nuestra capacidad para reconocer el propósito de lo que atraemos. De cada experiencia, podemos extraer lo que necesitamos para nuestro crecimiento futuro. Esta habilidad determina el grado de armonía y felicidad que alcanzamos en la vida.

6. La capacidad de apropiarnos de lo que necesitamos para nuestro crecimiento aumenta de manera constante a medida que

alcanzamos niveles más elevados y adquirimos perspectivas más amplias. Cuanto mejor comprendamos lo que requerimos, más confiados estaremos en detectar su presencia, atraerla y asimilarla. Nada puede llegar hasta nosotros, salvo aquello que sea esencial para nuestro crecimiento.

7. Todas las circunstancias y experiencias que se presentan en nuestra vida lo hacen para nuestro beneficio. Los obstáculos y las dificultades persistirán hasta que extraigamos su sabiduría y obtengamos de ellos lo fundamental para nuestro crecimiento futuro.

8. Es matemáticamente exacto que cosechamos lo que sembramos. Ganamos fuerza en la misma medida en la que invertimos esfuerzo para superar los obstáculos que enfrentamos.

9. Los ineludibles requisitos del crecimiento exigen que desarrollemos el máximo grado de atracción hacia lo que está perfectamente en sintonía con nosotros. Nuestra mayor felicidad se alcanzará de manera más eficaz a través de nuestra comprensión y cooperación consciente con las leyes naturales.

10. Para que nuestros pensamientos sean vitales, deben estar impregnados con amor. El amor es un producto de las emociones. Por lo tanto, es esencial que las emociones sean controladas y dirigidas por el intelecto y la razón.

11. Es el amor lo que infunde vitalidad al pensamiento y le permite florecer. La ley de atracción, o la ley del amor, ya que son una y la misma, atraerá el material necesario para su crecimiento y maduración.

LECCIÓN 15

12.- La primera forma que encontrará el pensamiento es el lenguaje o las palabras. Esto resalta la importancia de las palabras, ya que son la primera expresión del pensamiento, los recipientes que transportan el pensamiento. Toman el éter y, al ponerlo en movimiento, reproducen el pensamiento para que otros lo perciban en forma de sonido.

13. El pensamiento puede conducir a cualquier tipo de acción, pero independientemente de la acción, esta es simplemente el pensamiento tratando de manifestarse de manera visible. Por lo tanto, es evidente que si deseamos condiciones positivas, solo debemos permitirnos mantener pensamientos positivos.

14. Esto nos lleva a una conclusión inevitable: si queremos manifestar abundancia en nuestras vidas, debemos pensar únicamente en la abundancia, y dado que las palabras son simplemente pensamientos tomando forma, debemos ser especialmente cuidadosos al utilizar un lenguaje armonioso y constructivo. Cuando finalmente se manifieste en formas concretas, será un reflejo de nuestro progreso.

15. No podemos escapar de las imágenes que repetidamente creamos en nuestra mente, y con frecuencia generamos imágenes erróneas mediante el uso de palabras que no están alineadas a nuestro bienestar.

16. A medida que nuestro pensamiento se aclara y se eleva a planos más altos, manifestamos cada vez más vida. Esto se logra con facilidad cuando utilizamos palabras que están claramente definidas y liberadas de los conceptos agregados en planos más bajos del pensamiento.

17. Expresamos nuestros pensamientos a través de palabras, y al usar las formas más elevadas de la Verdad, estamos empleando un material que ha sido seleccionado con inteligencia y cuidado con este propósito en mente.

18. Este asombroso poder de convertir pensamientos en palabras es lo que distingue al ser humano del resto del reino animal. Mediante el uso de la palabra escrita, ha sido capaz de retroceder en el tiempo a través de los siglos y contemplar las conmovedoras escenas que han contribuido a su herencia actual.

19. Ha sido posible establecer una conexión con los grandes escritores y pensadores de todas las épocas. Por lo tanto, el registro de conocimiento que poseemos hoy en día es la manifestación del Pensamiento Universal, que ha estado buscando tomar forma en la mente humana.

20. Sabemos que el Pensamiento Universal tiene como objetivo crear formas, y también sabemos que el pensamiento individual siempre busca expresarse en forma. Reconocemos que la palabra es una forma de pensamiento y que una frase es la combinación de formas de pensamiento. Por lo tanto, si deseamos que nuestro ideal sea hermoso y fuerte, debemos asegurarnos de que las palabras que finalmente construirán este edificio sean precisas y cuidadosamente unidas. La precisión en la construcción de palabras y oraciones representa la forma más elevada de arquitectura en la civilización y es un pasaporte hacia el éxito.

21. Las palabras son pensamientos, lo que significa que son un poder invisible e invencible que eventualmente se materializará en la forma que se les otorga.

22. Las palabras pueden transformarse en lugares mentales que perdurarán eternamente o pueden ser solo chozas que la primera brisa se llevará. Pueden deleitar tanto la vista como el oído; pueden contener todo el conocimiento; en ellas reside la historia pasada y la esperanza del futuro. Son los mensajeros vivientes de los que nace toda actividad humana y sobrehumana.

23. La belleza de las palabras radica en la belleza del pensamiento; el poder de las palabras deriva del poder del pensamiento, y la vitalidad del pensamiento es su esencia. ¿Cómo podemos identificar un pensamiento vital? ¿Cuáles son las características que lo distinguen? Debe existir algún principio subyacente. ¿Cómo podemos reconocer ese principio?

24. Existe un principio de matemáticas, pero no hay ninguno de error; un principio de salud, pero ninguno de enfermedad; un principio de verdad, pero ninguno de deshonestidad; un principio de luz, pero ninguno de oscuridad; un principio de abundancia, pero ninguno de pobreza.

25. ¿Cómo sabemos que esto es verdad? Porque si aplicamos adecuadamente el principio de las matemáticas, podemos estar seguros de nuestros resultados. Donde hay salud, no puede haber enfermedad. Si conocemos la verdad, no podemos ser engañados por el error. Si permitimos que entre la luz, la oscuridad no puede existir, y donde existe la abundancia, no puede haber pobreza.

26. Estos son hechos evidentes, sin embargo, parece que se ha pasado por alto la verdad de que un pensamiento contiene principios y, por lo tanto, vida. En consecuencia, echa raíces y, con el tiempo, inevitablemente desplazará a los pensamientos

negativos, los cuales por su propia naturaleza no pueden contener vitalidad.

27. Este hecho te permitirá eliminar cualquier tipo de discordia, carencia y limitación.

28. Sin duda, aquel que "es lo suficientemente sabio para comprender" reconocerá con facilidad que el poder creativo del pensamiento le proporciona un recurso invencible y lo convierte en dueño de su destino.

29. En el mundo físico, existe una ley de compensación que establece que "la aparición de una cantidad dada de energía en cualquier lugar significa la desaparición de la misma cantidad de energía en otro lugar". De esta manera, descubrimos que solo podemos obtener lo que damos. Si nos comprometemos con una determinada acción, debemos estar dispuestos a asumir la responsabilidad de su desarrollo. El subconsciente no puede razonar; toma nuestras palabras como un pedido y ahora debemos recibirlo; hemos hecho nuestra cama, ahora debemos dormir en ella, los dados están echados, los hilos llevarán a cabo el diseño que hemos trazado.

30. Por esta razón, debemos ejercitar nuestra percepción de manera que los pensamientos que alberguemos no contengan ningún germen mental, moral o físico que no deseemos materializar en nuestras vidas.

31. La percepción es una facultad de la mente que nos permite analizar hechos y condiciones en un amplio rango; es una especie de telescopio humano que nos ayuda a comprender tanto las dificultades como las oportunidades en cualquier tarea.

LECCIÓN 15

32. La percepción nos prepara para anticipar los obstáculos que podremos encontrar, lo que nos permite superarlos antes de que puedan causar problemas.

33. La percepción nos capacita para planificar con ventaja y redirigir nuestros pensamientos y atención en la dirección correcta, en lugar de seguir canales que no tienen retorno.

34. La percepción es absolutamente esencial para el desarrollo de cualquier gran logro; con ella, podemos adentrarnos, explorar y conquistar cualquier campo mental.

35. La percepción es un producto del mundo interno y se desarrolla en el silencio, a través de la concentración.

36. Para tu ejercicio de esta semana, concéntrate en la percepción. Adopta tu posición habitual y concentra tu pensamiento en el hecho de que conocer el poder creativo del pensamiento no equivale a poseer el arte del pensamiento. Deja que el pensamiento se detenga en el hecho de que el conocimiento no se aplica por sí solo. Nuestras acciones no están guiadas por el conocimiento, sino por la costumbre, los precedentes y los hábitos. Comprende que la única manera de aplicar el conocimiento es a través de un esfuerzo consciente específico. Mantén este pensamiento hasta que logres una percepción suficiente para desarrollar un plan definido para aplicar este principio a tu problema particular.

Piensa verdaderamente,
y tus pensamientos alimentarán el hambre del mundo,
Habla verdaderamente,
y cada palabra tuya será una semilla fértil,
Vive verdaderamente,
y tu vida será un grandioso y noble credo.

—Horatio Bonar.

LECCIÓN 15

PREGUNTAS Y RESPUESTAS

¿Qué determina el grado de armonía que logramos?
Nuestra capacidad para extraer de cada experiencia aquello que necesitamos para nuestro crecimiento.

¿Qué indican las dificultades y los obstáculos?
Indican que son necesarios para adquirir sabiduría y experimentar un crecimiento espiritual.

¿Cómo podemos evitar estas dificultades?
Mediante una comprensión consciente y la cooperación con las leyes naturales.

¿Cuál es el principio por el cual el pensamiento se manifiesta a sí mismo en forma?
El principio de la ley de la atracción.

¿Cómo garantizamos el material necesario para que la idea crezca, se desarrolle y madure?
La ley del Amor, que es el principio creativo del Universo, infunde vitalidad al pensamiento, mientras que la ley de la atracción atrae la sustancia necesaria según la ley del crecimiento.

¿Cómo son aseguradas las condiciones deseables?
Manteniendo solamente pensamientos positivos.

¿Cómo se generan las condiciones indeseables?
Al pensar, discutir y visualizar situaciones de carencia, limitación, enfermedad, desarmonía y discordia. Estas imágenes mentales erróneas son captadas por el subconsciente, y la ley de

atracción inevitablemente las cristaliza en la realidad objetiva. La idea de que cosechamos lo que sembramos es una afirmación científicamente exacta.

¿Cómo podemos superar cada tipo de miedo, carencia, limitación, pobreza y discordia?
Reemplazando el error con el principio.

¿Cómo podemos reconocer el principio?
Mediante una comprensión consciente de que la Verdad siempre disuelve el error. No necesitamos luchar contra la oscuridad; todo lo que debemos hacer es encender la luz. Este mismo principio se aplica a cada uno de los pensamientos negativos.

¿Cuál es el valor de la percepción?
Nos permite comprender la importancia de aplicar el conocimiento que adquirimos. Muchos parecen creer que el conocimiento se aplicará automáticamente, lo cual no es cierto en absoluto.

> Para cada persona, se abre un camino.
> El alma elevada asciende a alturas inexploradas,
> Mientras que el alma inferior se arrastra por
> las profundidades,
> Y en medio, otros zigzaguean por los planos nebulosos,
> Y algunos vagan sin rumbo fijo.
> Pero para cada persona, se abre un camino alto
> y un camino bajo, y cada uno elige
> el camino que su alma seguirá.

LECCIÓN 16

INTRODUCCIÓN

Las actividades vibratorias del Universo planetario están regidas por una ley de periodicidad. Todo ser vivo experimenta etapas de nacimiento, crecimiento, madurez y declive, y estas fases están gobernadas por la Ley Septimal. La Ley de Sietes gobierna los días de la semana, las fases de la luna las armonías de sonido, luz, calor, electricidad, magnetismo y las estructuras atómicas. Además, influye en la vida de individuos, naciones y en las dinámicas comerciales del mundo.

La vida es crecimiento, y el crecimiento implica cambio. Cada ciclo de siete años nos conduce a una nueva etapa. Los primeros siete años corresponden a la infancia, los siguientes siete a la niñez, marcando el inicio de la responsabilidad individual. Luego vienen los siete años de la adolescencia. El cuarto período señala el logro del crecimiento pleno, mientras que el quinto es un período constructivo, en el cual las personas adquieren propiedades, posesiones, establecen un hogar y forman una familia. Después de los 35 a los 42 años, llega un período de reacciones y cambios, seguido por uno de reconstrucción, ajuste y recuperación, preparándonos para un nuevo ciclo de siete años que comienza a los cincuenta.

Hay muchos que piensan que el mundo está a punto de entrar en el séptimo período, el período de reajuste, reconstrucción y armonía, a menudo referido como el Milenio.

Aquellos familiarizados con estos ciclos no se inquietarán cuando las cosas parezcan complicarse. En cambio, pueden aplicar los principios descritos en estas lecciones con la certeza de que existe una ley superior que controla todas las demás leyes. A través del entendimiento y la consciente aplicación de las leyes espirituales, podemos convertir cualquier aparente dificultad en una bendición.

☐

LECCIÓN 16

ENTENDIMIENTO ESPIRITUAL

1. La riqueza se origina a partir del trabajo. El capital es un resultado, no una causa; un servidor, no un gobernante; un medio, no un fin.

2. La definición más ampliamente aceptada de riqueza es que abarca todas las cosas útiles y agradables que tienen un valor de intercambio. Es este valor de intercambio la característica primordial de la riqueza.

3. Cuando consideramos la pequeña contribución que la riqueza brinda a la felicidad de su poseedor, descubrimos que su verdadero valor no radica en su utilidad intrínseca, sino en su capacidad de intercambio.

4. Este valor de intercambio la convierte en un medio para asegurar cosas de un valor genuino que pueden materializar nuestros ideales.

5. La riqueza no debería ser perseguida como un objetivo en sí misma, sino únicamente como un medio para alcanzar un fin. El éxito se basa en un ideal más elevado que la mera acumulación de riqueza. Aquel que aspira a tal éxito debe forjar un ideal por el cual esté dispuesto a luchar.

6. Manteniendo este ideal en mente, los métodos y recursos pueden ser proporcionados y lo serán, pero es un error reemplazar el medio por el fin. Debe existir un propósito claramente definido, un ideal.

7. Prentice Mulford afirmó: "La persona exitosa es quien posee un profundo entendimiento espiritual, y toda gran fortuna proviene de un poder superior y verdaderamente espiritual". Lamentablemente, existen individuos que no reconocen este poder y olvidan las dificultades que enfrentaron algunas de las personas más exitosas. Por ejemplo, la madre de Andrew Carnegie tuvo que ayudar a mantener a la familia cuando llegaron a América; el padre de Harriman era un modesto clérigo con un salario de apenas doscientos dólares al año, y Sir Thomas Lipton comenzó con tan solo veinticinco centavos. Estas personas no tenían otro recurso en el que depender, pero no se rindieron.

8. El poder de crear depende por completo del poder espiritual; implica tres pasos: idealización, visualización y materialización. Cada líder empresarial confía en este poder de manera exclusiva. Henry M. Flagler, el multimillonario de Standard Oil, compartió en un artículo de la revista "Everybody" que el secreto de su éxito residía en su habilidad para visualizar una idea en su totalidad. La siguiente conversación con un reportero ilustra su capacidad de idealización, concentración y visualización, todos estos son poderes de naturaleza espiritual:

9. Reportero: "¿Realmente pudo visualizar todo esto? Quiero decir, ¿pudo cerrar los ojos y ver las vías de tren y los trenes en movimiento, y escuchar los silbatos? ¿Llegó tan lejos?" Flagler: "Sí".
Reportero: "¿Con qué claridad?"
Flagler: "Con gran claridad."
10. Aquí tenemos una visión de la ley, vemos "causa y efecto", vemos que el pensamiento necesariamente precede y determina la acción. Si somos sabios, nos damos cuenta del inmenso hecho de

LECCIÓN 16

que no existen condiciones arbitrarias, y que la experiencia humana sigue una secuencia ordenada y armoniosa.

11. El empresario exitoso a menudo es más idealista y siempre busca alcanzar estándares cada vez más elevados. Las fuerzas sutiles del pensamiento que se cristalizan en nuestros estados de ánimo diarios son las que constituyen la vida.

12. El pensamiento es el material maleable con el que construimos imágenes de nuestra creciente concepción de la vida. Su uso determina su existencia. Como en todo, nuestra capacidad para reconocerlo y utilizarlo adecuadamente es una condición necesaria para nuestros logros.

13. La riqueza adquirida prematuramente es solo el precursor de la humillación y el desastre, porque no podemos retener nada de manera permanente si no lo hemos merecido o ganado.

14. Las condiciones que encontramos en el mundo externo reflejan las condiciones que experimentamos en nuestro mundo interno. Esto es resultado de la ley de atracción. Entonces, ¿cómo debemos determinar qué es lo que debe entrar en nuestro mundo interior?

15. Cualquier información que ingrese a la mente, ya sea a través de los sentidos o la mente consciente, se grabará en la mente y se convertirá en una imagen mental que servirá como modelo para las fuerzas creativas. Estas experiencias, en su mayoría, son el resultado de influencias ambientales, oportunidades, pensamientos previos y otros tipos de pensamientos negativos. Deben ser sometidas a un análisis minucioso antes de aceptarlas. Por otro lado, podemos formar nuestras propias imágenes

mentales a través de nuestro proceso de pensamiento interno, independientemente de las ideas de otras personas, sin importar las condiciones externas o el entorno. Es a través de este poder que podemos controlar nuestro propio destino, tanto físico como mental y espiritual.

16. Al ejercer este poder, tomamos el control de nuestro destino y dejamos de depender del azar, construyendo conscientemente las experiencias que deseamos. Pues cuando percibimos conscientemente una cierta condición, esa condición finalmente se materializa en nuestras vidas. En última instancia, el pensamiento es la principal fuerza impulsora de la vida.

17. Por lo tanto, controlar el pensamiento significa controlar las circunstancias, las condiciones, el entorno y el destino.

18. Entonces, ¿cómo debemos controlar el pensamiento? ¿Cuál es el proceso? Pensar es crear un pensamiento, pero el resultado de ese pensamiento dependerá de su forma, su calidad y su vitalidad.

19. La forma del pensamiento dependerá de las imágenes mentales de las que surge; esto estará determinado por la profundidad de la impresión, la predominancia de la idea, la claridad de la visión y la fuerza de la imagen.

20. La calidad del pensamiento depende de su sustancia, que a su vez se deriva del material con el cual está construida nuestra mente. Si nuestra mente está formada por pensamientos de vigor, fortaleza, valentía y determinación, el pensamiento poseerá estas cualidades.

LECCIÓN 16

21. Finalmente, la vitalidad depende del sentimiento con el que está impregnado el pensamiento. Si el pensamiento es constructivo, poseerá vitalidad; tendrá vida, crecerá, se desarrollará, se expandirá y será creativo. Atraerá hacia sí mismo todo lo necesario para su pleno desarrollo.

22. En cambio, si el pensamiento es destructivo, llevará en su interior la semilla de su propia desintegración. Morirá, pero en su proceso de desaparición, provocará enfermedad, malestar y diversas formas de discordia.

23. Esto es lo que llamamos "el mal". Cuando lo atraemos hacia nosotros, tendemos a atribuir nuestras dificultades a un ser supremo. Sin embargo, este ser supremo es simplemente la Mente en equilibrio.

24. No es ni bueno ni malo, simplemente es.

25. Nuestra capacidad de diferenciarlo en forma es nuestra capacidad para manifestar el bien o el mal.

26. Por lo tanto, el bien y el mal no son entidades en sí mismos, son simplemente palabras que usamos para describir el resultado de nuestras acciones, y estas acciones son moldeadas por la naturaleza de nuestro pensamiento.

27. Si cultivamos pensamientos constructivos y armoniosos, manifestaremos el bien; si nutrimos pensamientos destructivos y discordantes, manifestaremos el mal.

28. Si deseas visualizar un entorno diferente, el proceso es simple: mantén el ideal en tu mente hasta que tu visión se haga

realidad. No te preocupes por las personas, lugares o cosas específicas, ya que estos detalles se acomodarán por sí mismos. El entorno que deseas contendrá todo lo necesario; las personas adecuadas y las cosas adecuadas aparecerán en el momento y lugar adecuados.

29. A veces, puede no ser evidente cómo el carácter, la habilidad, el logro, el éxito, el entorno y el destino pueden ser influenciados por el poder de la visualización, pero esto es un hecho científico preciso.

30. Es fácil entender que lo que pensamos afecta la calidad de nuestra mente, y esta calidad mental influye en nuestra habilidad y capacidad mental. También es claro que una mejora en nuestra habilidad naturalmente conducirá a un aumento en nuestros logros y un mayor control sobre las circunstancias.

31. Las Leyes Naturales trabajan de manera natural y armoniosa; parece que todo simplemente "fluye". Si deseas evidencia de este hecho, compara los resultados de tus esfuerzos en tu propia vida cuando actuaste impulsado por nobles ideales en contraposición a cuando tuviste motivaciones egoístas u ocultas. Esto te proporcionará suficiente evidencia.

32. Si deseas ver realizado cualquier deseo, forma una imagen mental de éxito en tu mente, visualizando conscientemente lo que deseas. De esta manera, atraerás el éxito y lo materializarás en tu vida a través de métodos científicos.

33. Solo podemos ver lo que existe en el mundo objetivo, pero lo que visualizamos ya tiene existencia en el mundo espiritual. Esta visualización es una evidencia sólida de que, si mantenemos la

fidelidad a nuestro ideal, eventualmente se manifestará en el mundo objetivo. La razón detrás de esto no es complicada: la visualización es una manifestación de la imaginación. Este proceso de pensamiento crea impresiones en la mente, y estas impresiones forman conceptos e ideales que son los planos desde los cuales el arquitecto maestro construirá el futuro.

34. Los psicólogos han concluido que solo existe un sentido verdadero, el sentido de las emociones, y que todos los demás sentidos son variaciones de este. Si esto es cierto, entonces comprendemos por qué el sentimiento es la fuente principal del poder, por qué las emociones fácilmente superan al intelecto y por qué debemos infundir emoción en nuestro pensamiento para obtener resultados. El pensamiento y el sentimiento son una combinación infalible.

35. Por supuesto, la visualización debe ser guiada por la voluntad; debemos visualizar con precisión lo que deseamos y tener cuidado de no permitir que la imaginación divague. La imaginación es un buen sirviente, pero un mal amo; si no la controlamos, puede llevarnos a especulaciones y conclusiones sin base ni fundamento. Cualquier opinión razonable puede ser aceptada sin un análisis crítico, lo que conduce al caos mental.

36. Por lo tanto, debemos construir solo imágenes mentales que se sepa que son científicamente precisas. Somete cada idea a un análisis crítico y no aceptes nada que no tenga fundamento científico. Cuando sigues este enfoque, solo perseguirás lo que puedes verificar, y el éxito coronará tus esfuerzos. Esto es lo que los empresarios llaman una visión grandiosa; se asemeja mucho a la percepción y es uno de los secretos clave del éxito en todas las empresas importantes.

37. Para tu ejercicio de esta semana, intenta reconocer el hecho fundamental de que la armonía y la felicidad son estados de conciencia que no dependen de la posesión de cosas materiales. Las cosas materiales son efectos y se manifiestan como resultado de estados mentales adecuados. Por lo tanto, si deseamos adquirir posesiones materiales de cualquier tipo, nuestra principal preocupación debe ser desarrollar la mentalidad adecuada que traerá consigo el resultado deseado. Esta mentalidad se obtiene mediante el reconocimiento de nuestra naturaleza espiritual y nuestra conexión con la Mente Universal, que es la sustancia de todas las cosas. Este reconocimiento nos proporcionará todo lo necesario para experimentar una felicidad completa. Esto es pensamiento científico o correcto. Cuando logramos esta mentalidad, se vuelve relativamente fácil considerar nuestro deseo como ya realizado; cuando alcanzamos este estado, hemos descubierto la "verdad" que nos libera de la carencia o la limitación de cualquier tipo.

> Una persona puede dar forma y liberar una estrella para que gire libremente en su órbita y aun así no habrá hecho nada tan memorable ante Dios, como aquel que permite que un pensamiento gire en una órbita dorada a través de las generaciones en el tiempo.
>
> —H.W. Beecher.

LECCIÓN 16

PREGUNTAS Y RESPUESTAS

¿De qué depende la riqueza?
Depende del entendimiento de la naturaleza creativa del pensamiento.

¿En qué consiste su verdadero valor?
Su verdadero valor radica en su valor de intercambio.

¿De qué depende el éxito?
El éxito depende del poder espiritual.

¿De qué depende este Poder?
Este poder depende de su uso; su existencia se determina mediante su uso.

¿Cómo podemos sacar nuestro destino de las manos del azar?
Reconociendo conscientemente las condiciones que deseamos ver manifestadas en nuestras vidas.

¿Cuál es, entonces, el gran asunto de la vida?
El gran asunto de la vida es el pensamiento.

¿Por qué?
Porque el pensamiento es espiritual y, por lo tanto, es creativo. Controlar conscientemente el pensamiento significa controlar las circunstancias, las condiciones, el entorno y el destino.

¿Cuál es la fuente de todo mal?
La fuente de todo mal son los pensamientos destructivos.

¿Cuál es la fuente de todo bien?
La fuente de todo bien es el pensamiento científico o correcto.

¿Qué es el pensamiento científico?
Es el reconocimiento de la naturaleza creativa de la energía espiritual y de nuestra capacidad para controlarla..

> Los eventos más grandiosos de una era son sus mejores pensamientos. Es la naturaleza del pensamiento encontrar su camino hacia la acción.
>
> —Bovee.

XVII

LECCIÓN 17

INTRODUCCIÓN

El tipo de deidad que una persona adora, ya sea de manera consciente o inconsciente, refleja el nivel intelectual del adorador. Cuando se pregunta acerca de Dios a un indio, es probable que describa a un poderoso líder de una gloriosa tribu. Un pagano, por otro lado, podría hablar de un Dios del fuego, un Dios del agua, y varios otros dioses relacionados con elementos naturales. Un israelita, en cambio, mencionaría al Dios de Moisés, quien estableció mandamientos estrictos, o a Josué, que lideró a los israelitas en batallas, confiscó propiedades, asesinó prisioneros y desbastó ciudades.

Los llamados paganos solían crear "imágenes grabadas" de sus dioses y las adoraban. Sin embargo, al menos entre los más inteligentes, estas imágenes no eran más que representaciones visuales que les ayudaban a concentrarse en las cualidades que deseaban manifestar en sus vidas.

En la era actual, en teoría, adoramos a un Dios de Amor, pero en la práctica creamos "imágenes grabadas" de conceptos como "riqueza", "poder", "moda", "costumbre" y "convencionalidad". Nos inclinamos ante estos conceptos y los adoramos. Nos concentramos en ellos y, por lo tanto, se exteriorizan en nuestras vidas. El estudiante que comprenda el contenido de la lección diecisiete, no confundirá los símbolos con la realidad; se centrará en las causas más que en los efectos. Dirigirá su enfoque hacia las verdades fundamentales de la vida y no se decepcionará con los resultados.

LECCIÓN 17

SÍMBOLOS Y REALIDAD

1. Se nos dice que los seres humanos tienen "dominio sobre todas las cosas", y este dominio se establece a través de la mente. El pensamiento es la actividad que controla cada principio subyacente. El principio más elevado, debido a su esencia y cualidades superiores, necesariamente determina las circunstancias, aspectos y relaciones de todo lo que entra en contacto.

2. Las vibraciones de las fuerzas mentales son las más finas y poderosas que existen. Para aquellos que comprenden la naturaleza y la trascendencia de la fuerza mental, todo poder físico palidece en insignificancia.

3. Estamos acostumbrados a observar el universo a través de los cinco sentidos y de estas experiencias se originan nuestros conceptos antropomórficos. Sin embargo, los verdaderos conceptos solo se alcanzan a través de la percepción espiritual. Esta percepción requiere una aceleración de las vibraciones de la mente y solo se logra cuando la mente se concentra de manera continua en una dirección específica.

4. La concentración continua implica un flujo constante e ininterrumpido de pensamiento y es el resultado de un sistema paciente, persistente, perseverante y bien regulado.

5. Los grandes descubrimientos son el resultado de largos períodos de investigación continua. La ciencia de las matemáticas, por ejemplo, requiere años de esfuerzo concentrado para dominarla, y la ciencia más grande de todas, la ciencia de la

mente, solo se revela a través del esfuerzo concentrado a lo largo del tiempo.

6. La concentración a menudo se malinterpreta; a menudo se asocia con el esfuerzo o la actividad cuando en realidad se necesita lo contrario. La grandeza de un actor radica en su capacidad para olvidarse de sí mismo mientras interpreta a su personaje, llegando a identificarse tanto con él que la audiencia se conmueve por la autenticidad de su actuación. Esto ofrece una buena idea de lo que realmente implica la concentración: debes estar tan inmerso en tu pensamiento, tan absorbido en tu tema, que no seas consciente de nada más. Esta profunda concentración lleva a la percepción intuitiva y a una comprensión instantánea de la naturaleza del objeto de tu concentración.

7. Todo conocimiento se adquiere mediante esta clase de concentración; es así como se han revelado los secretos del cielo y la tierra. La mente se convierte en un imán que atrae el conocimiento mediante el deseo ferviente de conocer.

8. En gran medida, el deseo es un proceso subconsciente; rara vez reconoce conscientemente su objetivo cuando este objetivo está fuera de su alcance inmediato. El deseo subconsciente despierta las facultades latentes de la mente, y los problemas difíciles parecen resolverse por sí mismos.

9. La mente subconsciente puede ser despertada y llevada a la acción en cualquier dirección, y puede servirnos para cualquier propósito a través de la concentración. Practicar la concentración requiere el control de nuestro ser físico y mental. Todos los estados de conciencia, ya sean mentales o físicos, deben estar bajo control.

10. Por lo tanto, la verdad espiritual es el factor de control que te permitirá ir más allá de los logros limitados y alcanzar un punto en el que puedas convertir tus pensamientos en carácter y conocimiento.

11. La concentración no se trata solo de tener pensamientos, sino de convertir esos pensamientos en acciones prácticas. La mayoría de las personas no comprende el verdadero significado de la concentración. Siempre buscan "tener" en lugar de "ser". No entienden que no pueden tener una cosa sin la otra. Primero deben descubrir su "ser" antes de que puedan tener las "cosas" que desean. El entusiasmo momentáneo no es suficiente; se requiere una confianza ilimitada en uno mismo para alcanzar los objetivos.

12. La mente puede establecer ideales demasiado altos y no alcanzarlos, o intentar volar con alas no entrenadas y en vez de volar, caer a tierra. Sin embargo, estos fracasos no deben desalentarnos de hacer nuevos intentos.

13. La debilidad es la única barrera para el logro mental. Si atribuyes tu debilidad a limitaciones físicas o a la incertidumbre mental, debes seguir intentándolo. La facilidad y la perfección se alcanzan con la práctica continua.

14Los astrónomos concentran sus mentes en las estrellas y estas les revelan sus secretos. Los geólogos centran su atención en la estructura de la Tierra y así se desarrolla la geología. Lo mismo sucede en todos los campos. Los seres humanos centran sus mentes en los problemas de la vida, y el resultado se refleja en la vasta y compleja estructura de la sociedad actual.

15. Todos los descubrimientos y logros mentales son el resultado de un deseo profundo combinado con concentración. El deseo es la fuerza motriz más poderosa, y cuanto más persistente sea el deseo, más segura será la revelación. El deseo, cuando se combina con la concentración, puede desentrañar cualquier secreto de la naturaleza.

16. Al poner en práctica grandes pensamientos y experimentar grandes emociones que corresponden con grandes pensamientos, la mente alcanza un estado en el que valora cosas más elevadas.

17. Un momento de intensa concentración y un deseo ardiente de llegar a ser y lograr pueden llevarte mucho más lejos que muchos años de esfuerzo lento y forzado. Esto liberará tu mente de la prisión de la incredulidad, la debilidad, la impotencia y el autodesprecio, y te permitirá experimentar la alegría de superarte a ti mismo.

18. El espíritu de iniciativa y originalidad se desarrolla a través de la persistencia y la consistencia en el esfuerzo mental. En el mundo de los negocios, se valora la concentración y se fomenta la resolución de carácter. También se desarrolla la intuición práctica y la capacidad para tomar decisiones rápidas. En todas las actividades comerciales, el factor mental es dominante, y el deseo es la fuerza impulsora detrás de ellas. Todas las relaciones comerciales son manifestaciones del deseo.

19. Muchas de las virtudes sólidas y esenciales se cultivan en el ámbito laboral. La mente se fortalece y se guía para volverse más eficiente. El objetivo principal es fortalecer la mente para que pueda resistir las distracciones y los impulsos instintivos de la

vida y superar con éxito el conflicto entre el yo superior y el yo inferior.

20. Todos nosotros somos como generadores de energía, pero el generador por sí solo no tiene utilidad. La mente debe trabajar con el generador para que su energía se pueda concentrar y utilizar de manera efectiva. La mente es como un motor cuyo poder es inmenso; el pensamiento es una energía que siempre está en acción. El pensamiento es el gobernante y creador de todas las formas y eventos en el mundo. La energía física no se compara en absoluto con el poder del pensamiento, ya que el pensamiento permite a las personas aprovechar todo el poder natural disponible.

21. La vibración es la acción del pensamiento; a través de la vibración, el pensamiento se extiende y atrae los materiales necesarios para crear y construir. No hay nada misterioso en el poder del pensamiento; la concentración simplemente implica que la conciencia se enfoca en un punto hasta identificarse por completo con el objeto de atención. Así como los alimentos que consumimos se convierten en la esencia de nuestro cuerpo, la mente absorbe el objeto de su atención y le da vida y existencia.

22. Cuando te concentras en un asunto importante, activas el poder de la intuición, y esta te proporciona la información que necesitas para alcanzar el éxito.

23. La intuición llega a conclusiones sin depender de la experiencia o la memoria. A menudo, resuelve problemas que superan la capacidad del razonamiento lógico. La intuición a menudo se manifiesta de manera sorprendentemente rápida y revela verdades que parecen provenir de un poder superior.

Puedes cultivar y desarrollar tu intuición, pero primero debes reconocerla y valorarla. Si das la bienvenida a la intuición con entusiasmo, volverá a ti con mayor frecuencia. Por otro lado, si la ignoras o la descuidas, sus visitas serán menos frecuentes.

24. La intuición generalmente llega en silencio, por eso muchas mentes brillantes buscan la soledad para resolver los problemas más profundos de la vida. Por esta razón, los empresarios exitosos a menudo tienen oficinas privadas donde pueden concentrarse sin interrupciones. Si no puedes tener una oficina privada, al menos busca un lugar tranquilo donde puedas estar solo durante algunos minutos cada día para entrenar tu pensamiento en las direcciones que te permitirán desarrollar ese poder invencible que necesitas alcanzar.

25. Recuerda que, en última instancia, tu subconsciente es omnipotente, y no hay límites para lo que puede lograr cuando le das el poder para actuar. Tu nivel de éxito está determinado por la naturaleza de tus deseos. Si tus deseos están en armonía con las leyes naturales o la Mente Universal, gradualmente liberarán el potencial de tu mente y te darán un valor invencible.

26. Cada obstáculo superado, cada victoria ganada, te dará más fe en tu poder y tendrás mayor capacidad para ganar. Tu fuerza está determinada por tu actitud mental. Si mantienes una actitud de éxito y la sostienes con determinación, atraerás silenciosamente hacia ti las cosas que deseas desde el dominio invisible.

27. Mantener un pensamiento constante en tu mente, gradualmente, le dará forma tangible. Un propósito definido pone en marcha las causas en el mundo invisible y atrae los recursos necesarios para lograrlo.

LECCIÓN 17

28. Puedes estar persiguiendo los símbolos del poder, en lugar del poder en sí mismo. Puedes estar persiguiendo fama en lugar de honor, riqueza en lugar de abundancia, posición en lugar de servicio. Sin embargo, te darás cuenta que se convierten en cenizas tan pronto como las alcanzas.

29. La riqueza o la posición prematura no pueden mantenerse porque no han sido ganadas. Recibimos solo lo que damos, y aquellos que intentan obtener sin dar descubren que la ley de la compensación actúa con precisión y equilibrio.

30. La carrera ha sido generalmente por el dinero y otros símbolos de poder. Pero con una comprensión de la verdadera fuente de poder, podemos permitirnos ignorar estos símbolos. Una persona con una gran cuenta bancaria no necesita llevar oro en sus bolsillos. Del mismo modo, alguien que ha encontrado la verdadera fuente de poder ya no está interesado en aparentar o pretender.

31. El pensamiento generalmente nos lleva a explorar las manifestaciones externas de la evolución, pero también puede dirigirse hacia el interior, donde se encuentran los principios fundamentales de las cosas, su esencia y su espíritu. Cuando llegas al núcleo de las cosas, es mucho más fácil comprenderlas y ordenarlas.

32. Esto se debe a que el espíritu de algo es la cosa misma, su parte vital y su sustancia real. La forma es simplemente la manifestación externa de la actividad espiritual interna.

33. Para tu ejercicio de esta semana, concéntrate tanto como sea posible, siguiendo el método descrito en esta lección. Relájate completamente y evita cualquier esfuerzo consciente o actividad relacionada con tu objetivo. Deja que tu mente se concentre plenamente en tu propósito hasta que te identifiques por completo con él, sin estar consciente de nada más. Recuerda que el poder surge del reposo.

34. Si deseas eliminar el miedo, concéntrate en el valor.

35. Si deseas eliminar la carencia, concéntrate en la abundancia.

36. Si deseas eliminar la enfermedad, concéntrate en la salud.

37. Concéntrate siempre en tu ideal como si ya fuera una realidad existente. Esta es la semilla, el principio vital que avanza y pone en movimiento aquellas causas que conducen y crean las condiciones necesarias que finalmente se manifiestan en la realidad.

El pensamiento es propiedad solo de aquellos que pueden mantenerlo.

—Emerson.

LECCIÓN 17

PREGUNTAS Y RESPUESTAS

¿Cuál es el verdadero método de concentración?
Llegar a identificarte tanto con el objeto de tu pensamiento que no seas consciente de nada más.

¿Cuál es el resultado de este método de concentración?
Pone en movimiento fuerzas invisibles que inevitablemente crean condiciones en correspondencia con tu pensamiento.

¿Cuál es el factor que controla este método de pensamiento?
La Verdad Espiritual.

¿Por qué es esto así?
Porque la naturaleza de nuestro deseo debe estar en armonía con la Ley natural.

¿Cuál es el valor práctico de este método de concentración?
Transmuta el pensamiento en carácter, y el carácter es el imán que crea el entorno del individuo.

¿Cuál es el factor de control en cada búsqueda comercial?
El elemento mental.

¿Por qué es así?
Porque la mente es el gobernante y creador de toda forma y de todos los acontecimientos que ocurren en la forma.

¿Cómo funciona la concentración?
Por el desarrollo de los poderes de la percepción, sabiduría, intuición y la sagacidad.

¿Por qué la intuición es superior a la razón?

Porque no depende de la experiencia ni de la memoria, y frecuentemente trae la solución a nuestros problemas por métodos que desconocemos completamente.

¿Cuál es el resultado de perseguir el símbolo de la realidad?

Con frecuencia se convierten en cenizas justo cuando los alcanzamos, porque el símbolo es solamente la forma exterior de la actividad espiritual interior, por lo tanto, a menos que podamos poseer la realidad espiritual, la forma desaparece.

LECCIÓN 18

INTRODUCCIÓN

Para crecer debemos obtener lo que necesitamos para nuestro crecimiento. Esto se lleva a cabo a través de la ley de atracción. Este principio es el único medio por el cual lo individual es diferenciado de lo universal. Piensa por un momento, ¿qué sería de un hombre si no fuera un esposo, un padre o un hermano? ¿Si no mostrara interés en asuntos sociales, económicos, políticos o religiosos? En ese caso, sería simplemente un ego teórico abstracto. Por lo tanto, su existencia se define únicamente en relación con el conjunto, con otros seres humanos y con la sociedad en su conjunto. Esta relación conforma su entorno. Así que, es evidente que el individuo es, en realidad, una diferenciación de la Única Mente Universal, "que ilumina a cada hombre que llega al mundo", y su llamada individualidad o personalidad se resume en la forma en que se relaciona con el conjunto. A esto nos referimos como su entorno, y es creado por la ley de atracción. La lección dieciocho ahondará en detalles adicionales sobre esta importante Ley.

EL VALOR DE CREER

1. Hay un cambio en el pensamiento del mundo. Este cambio está ocurriendo en silencio, justo en medio de nosotros, y es más significativo que cualquier otro que el mundo haya experimentado desde la caída del paganismo.

2. La actual revolución en las opiniones de todas las clases de personas, desde las más educadas y cultas hasta la clase trabajadora, es incomparable en la historia mundial.

3. Recientemente, la ciencia ha realizado descubrimientos extensos, ha revelado una inmensidad de recursos y ha presentado posibilidades y fuerzas tan sorprendentes que los científicos cada vez dudan más en afirmar ciertas teorías como definitivas y sin lugar a dudas, o en rechazar otras como absurdas e imposibles.

4. Una nueva civilización está naciendo; las costumbres, los credos y los precedentes están desapareciendo; la visión, la fe y el servicio están tomando su lugar. Las cadenas de la tradición están desapareciendo de la humanidad, y a medida que las impurezas del materialismo se desvanecen, el pensamiento se libera y la verdad se alza ante una multitud asombrada.

5. El mundo entero está en la víspera de una nueva conciencia, de un nuevo poder y un nuevo conocimiento interior.

6. La ciencia física ha desglosado la materia en moléculas, las moléculas en átomos y los átomos en energía. Como afirmó el Sr. J.A. Fleming: "En su esencia más profunda, la energía puede ser

LECCIÓN 18

incomprensible para nosotros, excepto como una manifestación de la operación directa de lo que llamamos mente o voluntad".

7. Y esta mente es lo que reside en nosotros en última instancia. Está presente tanto en la materia como en el espíritu. Es el espíritu sostenedor, energizante y omnipresente del Universo.

8. Todo ser viviente debe ser sustentado por esta inteligencia omnipotente, y encontramos que la diferencia en las vidas individuales se mide en gran parte por el grado en que manifiestan esta inteligencia. Es la inteligencia más elevada la que sitúa al animal por encima de la planta, al ser humano por encima del animal, y descubrimos que esta inteligencia aumentada se refleja en el poder del individuo para controlar las formas de acción y adaptarse conscientemente a su entorno.

9. Este ajuste es lo que ocupa la atención de las mentes más grandes, y este ajuste consiste en reconocer un orden preexistente en la mente universal, ya que es ampliamente conocido que esta mente nos responderá en la misma medida en que primero la obedezcamos.

10. Es el reconocimiento de las Leyes Naturales lo que nos ha permitido conquistar el tiempo y el espacio, elevarnos por los aires y hacer flotar el hierro. Cuanto mayor sea el grado de inteligencia, mayor será nuestro reconocimiento de estas Leyes Naturales y mayor será el poder que podremos ejercer.

11. Es el reconocimiento del Ser como una individualización de esta Inteligencia Universal lo que permite al individuo controlar aquellas formas de inteligencia que todavía no han alcanzado este nivel de autorreconocimiento. Ellos no saben que esta

Inteligencia Universal impregna todas las cosas y está listas para ser llamada a la acción; no saben que responde a cada demanda y que, por lo tanto, están esclavizados por la ley de su propio Ser.

12. El pensamiento es creativo, y el principio en el que se basa la ley es sólido y legítimo, inherente a la naturaleza misma de las cosas. Sin embargo, este poder creativo no emana de lo individual, sino de lo universal, que es la fuente y base de toda energía y sustancia; lo individual es simplemente el canal para la distribución de esta energía.

13. Lo individual actúa como el vehículo mediante el cual lo universal crea diversas combinaciones que conducen a la formación de fenómenos. Esta formación depende de la ley de la vibración, donde diferentes velocidades de movimiento en la sustancia primaria generan nuevas sustancias en proporciones numéricas exactas.

14. El pensamiento sirve como el vínculo invisible que conecta lo individual con lo universal, lo finito con lo infinito, lo visible con lo invisible. El pensamiento es la magia mediante la cual el ser humano se transforma en un ser pensante, sabio, sensible y activo.

15. Al igual que un dispositivo adecuado ha permitido al ojo descubrir mundos a millones de kilómetros de distancia, así, con la comprensión adecuada, el ser humano ha sido capacitado para comunicarse con la mente universal, la fuente de todo poder.

16. La comprensión que normalmente se desarrolla es tan valiosa como un reproductor de discos sin un disco. En realidad, suele ser simplemente una "creencia" que carece de significado real.

LECCIÓN 18

Los habitantes de las Islas Caníbales también tienen sus creencias, pero eso no demuestra nada.

17. La única creencia que tiene valor es aquella que ha sido sometida a prueba y ha demostrado ser un hecho; en ese punto, deja de ser una creencia para convertirse en Fe o Verdad viviente.

18. Esta verdad ha sido probada por cientos de miles de personas, y han descubierto que la verdad está directamente relacionada con la utilidad del dispositivo que utilizaron.

19. Una persona no esperaría ver estrellas distantes, ubicadas a cientos de millones de kilómetros de distancia, sin un telescopio lo suficientemente potente. Por esta razón, la ciencia está continuamente comprometida a construir telescopios más grandes y potentes, y es recompensada con conocimiento adicional sobre los cuerpos celestes.

20. Así, con comprensión, los seres humanos continúan avanzando en los métodos que utilizan para establecer conexión con la mente universal y sus infinitas posibilidades.

21. La mente universal se manifiesta en el mundo objetivo a través del principio de atracción, que implica que cada átomo tiene una atracción hacia todos los demás átomos en diversos grados de intensidad.

22. Es a través de este principio de combinación y atracción que las cosas se unen. Este principio es de aplicación universal y es el único medio por el cual se cumple el propósito de la existencia.

23. La expresión del crecimiento se realiza de una manera mucho más hermosa mediante la influencia de este principio universal.

24. Para crecer, debemos obtener lo esencial para nuestro crecimiento, pero dado que siempre somos una entidad completa de pensamiento, esta completitud nos permite recibir solo en la medida en que damos. Por lo tanto, el crecimiento está condicionado por la acción recíproca. En el plano mental, observamos que las afinidades se atraen, y las vibraciones mentales responden solo en función de su armonía vibratoria.

25. De esta manera, se vuelve evidente que los pensamientos de abundancia solo responderán a pensamientos similares. La abundancia de un individuo se manifiesta como lo que es intrínsecamente. Comprendemos que la riqueza interior es el secreto detrás de la atracción de la riqueza exterior. La capacidad para crear es la verdadera fuente de la riqueza personal. Por lo tanto, aquellos que se dedican con pasión a su trabajo están destinados a alcanzar un éxito ilimitado, ya que dan continuamente, y cuanto más dan, más reciben.

26. ¿Qué es lo que hacen los grandes financieros de Wall Street, los líderes de la industria, los estadistas, los prominentes abogados corporativos, los inventores, los médicos, los autores? Cada uno de ellos contribuye a la suma de la felicidad humana con el poder de su pensamiento.

27. El pensamiento es la energía con la que la ley de la atracción se pone en acción, y finalmente se manifiesta en forma de abundancia.

LECCIÓN 18

28. La mente universal es una mente estática o una sustancia en equilibrio. Se diferencia en forma a través de nuestro poder de pensamiento. El pensamiento representa la fase dinámica de la mente.

29. El poder depende de la conciencia de poder, y si no lo utilizamos, lo perdemos. Sin embargo, no podremos usarlo si no somos conscientes de su existencia.

30. El uso de este poder está directamente relacionado con la atención; el grado de atención determina nuestra capacidad para adquirir conocimiento, que es otro nombre para el poder.

31. La atención ha sido considerada como el rasgo distintivo del genio. El desarrollo de la atención depende de la práctica constante.

32. El estímulo de la atención es el interés; cuanto mayor es el interés, mayor es la atención. A su vez, cuanto mayor es la atención, mayor es el interés, lo que genera acción y reacción. Comienza prestando atención; dentro de poco tiempo habrás despertado el interés; este interés atraerá más atención y, a su vez, esta atención generará mayor interés, y así sucesivamente. Esta práctica te permitirá cultivar el poder de la atención.

33. Durante esta semana, concéntrate en tu poder para crear; busca la percepción; intenta encontrar una base lógica para la fe que reside en tu interior. Permite que el pensamiento se detenga en el hecho de que el ser físico vive y se mueve y tiene su ser en el aire sustentador de toda vida orgánica, que debe respirar para

mantenerse con vida. Luego, permite al pensamiento descansar en el hecho de que el ser espiritual también vive y se mueve y tiene su ser en una energía similar pero más sutil, en la cual debe confiar para su existencia. En el mundo físico, ninguna vida adquiere forma sin que primero se siembre una semilla, y ningún fruto puede ser diferente de la semilla de la que proviene. De manera similar, en el mundo espiritual, ningún resultado puede manifestarse hasta que la semilla haya sido sembrada, y la naturaleza de ese fruto dependerá de la naturaleza de la semilla. Por lo tanto, los resultados que obtengas están directamente relacionados con tu comprensión de la ley en el poderoso reino de la causalidad, que representa la culminación más elevada de la conciencia humana.

> No hay pensamiento en mi mente que no tienda rápidamente a convertirse en un poder y organizar una gran cantidad de medios.
>
> —Emerson.

LECCIÓN 18

PREGUNTAS Y RESPUESTAS

¿Cómo se mide la diferencia en las vidas individuales?
Por el grado de inteligencia que manifiestan.

¿Cuál es la ley por la cual el individuo puede controlar otras formas de inteligencia?
Un reconocimiento del Ser como individualización de la inteligencia universal.

¿Dónde se origina el poder creativo?
Se origina en lo universal.

¿Cómo lo universal crea la forma?
Por medio de lo individual.

¿Cuál es el vínculo de conexión entre lo individual y lo universal?
E vínculo es el Pensamiento.

¿Cuál es el principio por el cual los medios de la existencia son llevados a cabo?
El principio es la ley del amor.

¿Cómo se lleva a la expresión este principio?
Mediante la ley del crecimiento.

¿De qué condición depende la ley del crecimiento?
Depende de la acción recíproca. El individuo es completo todo el tiempo y esto hace posible recibir solamente lo que damos.

¿Qué es lo que damos?
Damos nuestro Pensamiento.

¿Qué recibimos?
Pensamiento, que es sustancia en equilibrio y que constantemente se diferencia en forma según lo que pensamos.

LECCIÓN 19

INTRODUCCIÓN

El miedo es una poderosa forma de pensamiento. Tiene la capacidad de paralizar nuestros centros nerviosos, lo que, a su vez, afecta la circulación sanguínea y debilita nuestro sistema muscular. En última instancia, el miedo impacta todos los aspectos de nuestro ser: físico, mental y muscular. La manera de superar el miedo radica en tomar conciencia del poder que poseemos.

¿Qué es esta misteriosa fuerza vital que llamamos Poder? No lo sabemos, pero tampoco sabemos qué es la electricidad. No obstante, sabemos que si respetamos las leyes que rigen la electricidad, esta se convierte en un útil y obediente sirviente. Ilumina nuestros hogares, nuestras ciudades, alimenta nuestras máquinas y nos presta su ayuda en diversas actividades beneficiosas. Lo mismo sucede con la fuerza vital. Aunque no sabemos lo que es, y posiblemente nunca lo sabremos, sabemos que es una fuerza primordial que se manifiesta a través de los organismos vivos. Si respetamos las leyes y principios que la gobiernan, podemos abrirnos a un flujo más abundante de esta energía vital y expresar el máximo grado posible de eficiencia mental, moral y espiritual.

Esta lección aborda una forma sencilla de desarrollar esta fuerza vital. Si aplicas las enseñanzas expuestas en esta lección, pronto podrás experimentar la sensación de Poder, una característica que ha sido siempre la marca distintiva del genio.

LECCIÓN 19

TU ALIMENTO MENTAL

1. La búsqueda de la verdad ya no es una aventura al azar, sino un proceso sistemático y lógico en su operación. Cada tipo de experiencia contribuye a dar forma a nuestra toma de decisiones.

2. Al buscar la verdad, en realidad estamos buscando la causa última. Reconocemos que cada experiencia humana es un efecto, por lo tanto, si podemos identificar la causa y descubrimos que esta causa puede ser controlada conscientemente, significa que también tenemos el control sobre el efecto o la experiencia.

3. La experiencia humana ya no estará sujeta al azar; el ser humano no será más víctima del destino o la fortuna. La fortuna y el destino serán manejados con la misma facilidad con la que un capitán controla su barco o un maquinista su tren.

4. Todas las cosas finalmente pueden reducirse al mismo elemento y, dado que son transformables entre sí, siempre estarán relacionadas y nunca estarán en oposición unas con otras.

5. En el mundo físico, existen innumerables contrastes, y por conveniencia, les asignamos nombres distintivos. Encontramos tamaños diferentes, colores variados, sombras, polos opuestos como el Polo Norte y el Polo Sur, elementos internos y externos, lo visible y lo invisible. Sin embargo, estas distinciones simplemente sirven para destacar las diferencias entre los extremos.

6. Son los nombres dados a dos aspectos diferentes de una misma cosa. Los dos extremos son relativos y no representan entidades separadas, sino dos partes o aspectos del todo.

7. En el mundo mental encontramos la misma ley; hablamos de conocimiento e ignorancia, pero la ignorancia es simplemente la falta de conocimiento, es decir, es solo es una palabra que describe la ausencia de conocimiento pero no tiene ningún principio en sí misma.

8. En el Mundo moral, nuevamente encontramos la misma ley; hablamos de bien y mal, pero el bien es una realidad concreta y tangible, mientras que el mal es simplemente una condición negativa, la ausencia del bien. A veces, se puede percibir el mal como una entidad real, pero carece de principio y vitalidad, no posee vida. Sabemos esto porque siempre puede ser superado por el bien, de la misma manera en que la verdad deshace el error y la luz disipa la oscuridad. Por lo tanto, hay un principio en el Mundo Moral.

9. En el mundo espiritual, encontramos exactamente la misma ley; hablamos de mente y materia como si fueran dos entidades separadas, pero una comprensión más profunda revela que en realidad solo existe un principio en funcionamiento, y ese es la Mente.

10. La mente es lo real y lo eterno. La materia está siempre cambiando. Sabemos que en los eones de tiempo, cien años son como un día. Si nos paramos en medio de una gran ciudad y miramos alrededor los innumerables edificios, los grandes y magníficos rascacielos, la inmensa variedad de automóviles modernos, luces eléctricas y todas las demás cosas de la civilización moderna, podemos recordar que ninguna de estas cosas existía hace un siglo. Si pudiéramos proyectarnos cien años

en el futuro, seguramente encontraríamos que muy pocas de esas cosas aún permanecerían.

11. En el reino animal, observamos la misma ley del cambio. Millones y millones de seres vivos vienen y van, unos pocos años constituyen su periodo de vida. En el mundo de las plantas, el cambio es aún más rápido, muchas plantas y la mayoría de los pastos nacen y mueren en el transcurso de un año. Cuando pasamos al mundo inorgánico, esperamos encontrar algo más sustancial, pero cuando contemplamos los continentes, aparentemente sólidos, se nos dice que se formaron a partir del océano; vemos una montaña gigante y se nos dice que el lugar donde está ahora una vez fue un lago, y al observar los imponentes acantilados del Valle de Yosemite, podemos trazar fácilmente la huella de los glaciares que una vez los esculpieron.

12. Estamos siendo testigos de un cambio constante, y comprendemos que este cambio es, en realidad, la evolución de la Mente Universal, el gran proceso mediante el cual todas las cosas se renuevan constantemente. Reconocemos que la materia es simplemente una forma que la Mente adopta, y por lo tanto, es una condición. La materia carece de un principio propio; la Mente es el único principio.

13. Entonces, entendemos que la Mente es el único principio operativo en el mundo físico, mental, moral y espiritual.

14. También reconocemos que esta mente es estática, mente en reposo. Comprendemos que la capacidad de pensar de un individuo es su capacidad para influir en la Mente Universal y convertirla en mente dinámica o en movimiento.

15. Para lograr esto, se debe proporcionar combustible en forma de alimento, ya que el ser humano no puede pensar sin alimentarse. Así que entendemos que incluso actividades espirituales, como el pensamiento, no pueden convertirse en fuentes de placer y beneficio a menos que utilicemos medios materiales.

16. Al igual que se requiere cierto tipo de energía para recolectar electricidad y convertirla en una fuerza dinámica, o que los rayos del sol proporcionan la energía necesaria para mantener la vida de las plantas, también se necesita energía en forma de alimento para permitir que el individuo piense y, por lo tanto, actúe en la Mente Universal.

17. Sabemos que el pensamiento está constantemente tomando forma y siempre busca expresión. Aunque no lo reconozcamos, el hecho es que si nuestro pensamiento es poderoso, constructivo y positivo, esto se reflejará en nuestra salud, nuestras finanzas y nuestro entorno. Por otro lado, si nuestro pensamiento es débil, crítico, destructivo y negativo, se manifestará en nuestro cuerpo como miedo, preocupación y nerviosismo, en nuestras finanzas como carencia y limitación, y en condiciones discordantes en nuestro entorno.

18. Toda riqueza proviene del poder; las posesiones solo son valiosas si confieren poder. Los acontecimientos solo son significativos cuando afectan al poder; todas las cosas representan ciertas formas y grados de poder.

19. El conocimiento de causa y efecto, como lo muestran las leyes que rigen el vapor, la electricidad, la afinidad química y la gravitación, permite a las personas planificar con determinación

LECCIÓN 19

y actuar sin temor. Estas leyes se denominan Leyes Naturales porque rigen el mundo físico, pero no todo el poder es físico; también existe el poder mental, moral y espiritual.

20. ¿Qué son nuestras escuelas y universidades sino centros generadores de poder mental, lugares donde se desarrolla el poder mental?

21. Al igual que existen potentes generadores de energía para aplicar fuerza a la maquinaria pesada, donde la materia prima se recoge y se convierte en las necesidades y comodidades de la vida, así también los centros generadores mentales recogen la materia prima, la cultivan y desarrollan un poder que es infinitamente superior a todas las fuerzas naturales.

22. ¿Cuál es esta materia prima que se recopila en estos miles de centros generadores mentales en todo el mundo y se convierte en un poder que claramente controla todas las demás fuerzas? En su forma estática es mente; en su forma dinámica es el Pensamiento.

23. Este poder es superior porque existe en un plano más elevado, lo que ha permitido al ser humano descubrir la ley mediante la cual estas maravillosas fuerzas de la naturaleza pueden aprovecharse para realizar el trabajo que requeriría cientos o miles de personas. Ha permitido descubrir leyes para superar el tiempo y el espacio y desafiar la ley de la gravedad.

24. El pensamiento es la fuerza vital o energía esencial que está en constante desarrollo y que ha generado resultados sorprendentes en los últimos siglos, creando un mundo que sería completamente inimaginable para alguien que vivió hace solo veinticinco o cincuenta años. Si tales logros se han alcanzado

mediante la organización de estos centros generadores mentales en solo cincuenta años, ¿qué podemos esperar en los próximos cincuenta años?

25. La sustancia de la que todas las cosas están hechas es infinita en cantidad. Sabemos que la luz viaja a una velocidad de 300,000 kilómetros por segundo y que existen estrellas tan distantes que su luz tarda dos mil años en llegar hasta nosotros. También sabemos que la luz se propaga en forma de ondas. Si el éter a través del cual viajan estas ondas fuera discontinuo, la luz no podría alcanzarnos. Por lo tanto, llegamos a la conclusión de que esta sustancia, este éter o materia prima, está presente de manera universal.

26. ¿Cómo se manifiesta en forma? En el campo de la ciencia eléctrica, una batería se crea conectando los polos opuestos de zinc y cobre, lo que provoca que una corriente fluya de un polo al otro y así proporciona energía. Este mismo proceso se repite con respecto a cada polaridad, y dado que la forma depende únicamente de la velocidad de vibración y, por lo tanto, de las relaciones entre los átomos, si deseamos cambiar la forma de la manifestación, debemos cambiar la polaridad. Este es el principio de la causalidad.

27. Para tu ejercicio de esta semana, practica la concentración. Y cuando digo "concentración", me refiero a involucrarte por completo en el objeto de tu pensamiento, de manera que no seas consciente de nada más a tu alrededor. Dedica unos minutos cada día a esto. ¿No tomas el tiempo necesario para comer y nutrir tu

LECCIÓN 19

cuerpo? Entonces ¿por qué no tomar un tiempo para asimilar tu comida mental?

28. Reflexiona sobre el hecho de que las apariencias engañan. La Tierra no es plana ni está inmóvil; el cielo no es una cúpula; el sol no se mueve; las estrellas no son simplemente pequeñas manchas de luz; y la materia, que alguna vez se pensó que estaba fija, se ha descubierto que está en un estado de flujo perpetuo.

29. Intenta comprender que el día se acerca rápidamente, y su amanecer está a la vuelta de la esquina. En ese momento, nuestros modos de pensamiento y acción deben ajustarse al rápido aumento en nuestro conocimiento sobre los principios eternos.

> Después de todo, el pensamiento silencioso es el agente más poderoso en los asuntos humanos.
>
> —Channing.

PREGUNTAS Y RESPUESTAS

¿Cómo se ponen en contraste los extremos?
Ellos son señalados por nombres distintivos, tales como interior y exterior, arriba y abajo, luz y oscuridad, bueno y malo.

¿Estas son entidades separadas?
No, ellas son partes o aspectos de un Todo.

¿Cuál es el principio creativo en el mundo físico, mental y espiritual?
La mente Universal o la energía Eterna, de la que proceden todas las cosas.

¿Cómo estamos relacionados con este principio creativo?
Por nuestra capacidad de pensar.

¿Cómo este principio creativo llega a ser operativo?
El pensamiento es la semilla, la cual produce la acción y la acción produce la forma.

¿De qué depende la forma?
De la frecuencia de vibración.

¿Cómo se puede cambiar la frecuencia de vibración?
Mediante la acción mental.

¿De qué depende la acción mental?
De la polaridad, acción y reacción entre lo individual y lo universal.

LECCIÓN 19

¿La energía creativa se origina en lo individual o lo universal?

Se origina en lo universal, pero lo universal solamente puede manifestarse a través de lo individual.

¿Por qué lo individual es necesario?

Porque lo universal permanece en un estado estático y necesita energía para iniciar cualquier forma de movimiento. Esta energía proviene del alimento que se convierte en una fuente de energía, permitiendo así que el individuo piense. Cuando una persona deja de alimentarse, cesa su capacidad de pensar, y como resultado, ya no puede influir en lo universal, ya no hay ninguna acción o reacción. Por lo tanto, lo universal es solamente mente pura en forma estática, es decir, mente en reposo.

LECCIÓN 20

INTRODUCCIÓN

Durante muchos años, ha existido un interminable debate sobre el origen del mal. Los teólogos nos han enseñado que Dios es amor y es omnipresente. Si esto es verdad, no hay lugar donde no esté Dios. Entonces, ¿dónde está el mal, Satanás y el infierno? Veamos:

Dios es Espíritu.
El Espíritu es el Principio Creativo del universo.
El ser humano está creado a imagen y semejanza de Dios.
Por lo tanto, el ser humano es un ser espiritual.
La única actividad que el Espíritu posee es el poder del pensamiento.
Por lo tanto, el pensamiento es un proceso creativo.
Toda forma es el resultado del proceso del pensamiento.
La destrucción de la forma también debe ser resultado del proceso de pensamiento.
Las representaciones ficticias de la forma son el resultado del poder creativo del pensamiento, como ocurre en el hipnotismo.
La representación aparente de la forma es el resultado del poder creativo del pensamiento, como en el Espiritualismo.

La invención, organización y construcción de todo tipo son el resultado del poder creativo del pensamiento, como en la concentración.

Cuando el poder creativo del pensamiento se manifiesta en beneficio de la humanidad, obtenemos resultados positivos.

Cuando el poder creativo del pensamiento se manifiesta de manera destructiva o maliciosa, obtenemos resultados negativos.

Esto nos indica tanto el origen del bien como del mal; estas son simplemente palabras que se utilizan para describir la naturaleza de los resultados del pensamiento o del proceso creativo. El pensamiento necesariamente precede y determina la acción; la acción, a su vez, precede y determina la condición.

La Lección Veinte aclara este importante tema.

LECCIÓN 20

COMPRENSIÓN DE LOS PRINCIPIOS

1. El Espíritu de una cosa es esa cosa en sí; necesariamente es fijo, invariable y eterno. Tu espíritu, eso eres tú; sin el espíritu no serías nada. Se vuelve activo cuando lo reconoces y comprendes sus potencialidades.

2. Podrías poseer todas las riquezas del mundo, pero si no las reconoces ni las aprovechas, no tendrían ningún valor. Lo mismo ocurre con tu riqueza espiritual; a menos que la reconozcas y la utilices, carecerá de valor. La única condición para el poder espiritual es el reconocimiento y el uso.

3. Todas las grandes cosas vienen a través del reconocimiento; la conciencia es el cetro del poder, y el pensamiento es su mensajero. Este mensajero está continuamente moldeando las realidades del mundo invisible en las condiciones y entornos de tu mundo objetivo.

4. El pensamiento es la verdadera actividad de la vida, el poder es el resultado. En todo momento, estás lidiando con el poder mágico del pensamiento y la conciencia. ¿Qué resultados puedes esperar si permaneces ajeno al poder que está bajo tu control?

5. Al hacerlo, te limitas a las circunstancias superficiales y te conviertes en una bestia de carga para aquellos que piensan; aquellos que reconocen su poder; aquellos que saben que, a menos que estemos dispuestos a pensar, tendremos que trabajar más arduamente. Cuanto menos pensemos, más esfuerzo requerirá nuestro trabajo, y obtendremos menos a cambio.

6. El secreto del poder radica en una comprensión completa de los principios, las fuerzas, los métodos y las combinaciones de la mente, así como una comprensión plena de nuestra relación con la Mente Universal. Es esencial recordar que este principio es inmutable; de lo contrario, no sería confiable. Todos los principios son inmutables.

7. Esta estabilidad es tu oportunidad; tú eres su atributo activo, el canal para su actividad; lo Universal solo puede actuar a través de lo individual.

8. Cuando empiezas a percibir que la esencia de lo Universal reside en tu interior, que es una parte de ti, comienzas a tomar acción; sientes su poder. Este poder es el combustible que dispara la imaginación, enciende la antorcha de la inspiración y da vida al pensamiento. Te permite conectarte con todas las fuerzas invisibles del Universo. Este poder te habilita para planificar sin miedo y ejecutar con maestría.

9. Sin embargo, esta percepción solo llega en el silencio; parece ser la condición necesaria para alcanzar grandes propósitos. Eres un ser visualizador, y la imaginación es tu taller. Aquí es donde debes visualizar tu ideal.

10. Dado que una comprensión perfecta de la naturaleza de este poder es esencial para su manifestación, visualiza el método completo una y otra vez para que puedas utilizarlo cuando sea necesario. La sabiduría infinita radica en seguir el método que nos permite acceder a la inspiración de la Mente Universal Omnipotente en cualquier momento.

11. Puede que no reconozcamos este mundo interior y lo excluyamos de nuestra conciencia, pero seguirá siendo la base de toda existencia. Cuando aprendemos a reconocerlo, no solo en nosotros mismos, sino también en todas las personas, acontecimientos, cosas y circunstancias, habremos descubierto el "Reino de los Cielos" que está "dentro" de nosotros.

12. Nuestros fracasos son el resultado de la operación de este mismo principio; el principio es invariable y su funcionamiento es preciso, sin desviación alguna. Si enfocamos nuestros pensamientos en la carencia, la limitación o la discordia, veremos sus efectos en todas partes. Si pensamos en la pobreza, la infelicidad o la enfermedad, los mensajeros del pensamiento llevarán a cabo esas órdenes con la misma precisión que cualquier otro tipo de pensamiento, y los resultados serán igualmente certeros. Si tememos la llegada de una calamidad, podemos decir, como Job: "Lo que he temido ha llegado a mí" (Job 3:25). Si pensamos con crueldad o ignorancia, atraeremos hacia nosotros mismos los resultados de esa ignorancia.

13. Si comprendemos y utilizamos adecuadamente este poder del pensamiento, se convierte en la herramienta más efectiva para reducir la carga de trabajo que se pueda imaginar. Sin embargo, si no se comprende ni se utiliza correctamente, el resultado será ciertamente desastroso, como ya hemos observado. Con la ayuda de este poder, puedes afrontar con confianza desafíos que parecen imposibles, porque este poder es el secreto detrás de toda inspiración y genialidad.

14. Inspirarse significa apartarse de las vías habituales y romper con la rutina, ya que resultados extraordinarios requieren enfoques extraordinarios. Cuando reconocemos la unidad de

todas las cosas y comprendemos que la fuente de todo poder reside en nuestro interior, alcanzamos la fuente de la inspiración.

15. La inspiración es el arte de sumergirse en uno mismo, el arte de la autorrealización, el arte de alinear la mente individual con la Mente Universal; el arte de conectar el mecanismo adecuado con la fuente de todo poder; el arte de dar forma a lo que carece de forma; el arte de convertirse en un canal para el flujo de la Sabiduría Infinita; el arte de visualizar la perfección; el arte de comprender la omnipresencia de la Omnipotencia.

16. Comprender y valorar el hecho de que el poder infinito es omnipresente, y por lo tanto está presente tanto en lo infinitamente pequeño como en lo infinitamente grande, nos permite absorber su esencia. Una comprensión más profunda de que este poder es de naturaleza espiritual y, por lo tanto, indivisible, nos permite reconocer su presencia en todos los puntos al mismo tiempo.

17. Para comprender estos hechos, primero debemos hacerlo a nivel intelectual y luego internalizarlos emocionalmente. Solo entonces podremos sumergirnos profundamente en este océano de poder infinito. La comprensión intelectual por sí sola no es suficiente; debemos poner en acción nuestras emociones. El pensamiento sin sentimiento es frío, se necesita la combinación de pensamiento y sentimiento.

18. La inspiración proviene de nuestro interior. El silencio es esencial; debemos calmar nuestros sentidos, relajar nuestros músculos y buscar la tranquilidad. Una vez que hayas adquirido este sentido de equilibrio y poder interior, estarás listo para

recibir la información, la inspiración o la sabiduría necesaria para el desarrollo de tu propósito.

19. No confundas estos métodos con los de un clarividente; no tienen nada en común. La inspiración es el arte de recibir y aprovechar todo lo que es mejor en la vida. Tu tarea en la vida es comprender y dirigir estas fuerzas invisibles en lugar de permitir que te controlen. El poder implica servicio; la inspiración implica poder; comprender y aplicar el método de la inspiración es como convertirse en un superhéroe.

20. Podemos experimentar una vida más abundante en cada respiración, siempre y cuando respiremos conscientemente con esa intención. La intención es una condición crucial en este caso, ya que guía nuestra atención. Sin atención, solo podemos obtener los resultados que todo el mundo obtiene. Es decir, un suministro igual a la demanda.

21. Para asegurar un suministro mayor, debes aumentar tu demanda conscientemente. El suministro le seguirá y te encontrarás experimentando un flujo cada vez mayor de vida, energía y vitalidad.

22. La razón detrás de esto no es difícil de entender, pero es uno de los misterios fundamentales de la vida que a menudo pasamos por alto. Si lo internalizas, descubrirás que es una de las grandes realidades de la vida.

23. Se nos dice que "en Él vivimos, nos movemos y tenemos nuestro ser", y también que "Él es Espíritu" y "Él es Amor". Por lo tanto, cada vez que respiramos, inhalamos esta vida, amor y espíritu. Esto es lo que se conoce como la Energía Pránica o Éter

Pránico, y no podríamos existir ni un solo momento sin ella. Es la Energía Cósmica; es la Vida del Plexo Solar.

24. Cada vez que inhalamos, llenamos nuestros pulmones de aire y vitalizamos nuestro cuerpo con este Éter Pránico, que es la propia Vida. En este momento, tenemos la oportunidad de establecer una conexión consciente con Toda la Vida, Toda la Inteligencia y Toda la Sustancia.

25. El conocimiento de tu relación y unidad con este Principio que gobierna el Universo, junto con el sencillo método mediante el cual puedes identificarte conscientemente con él, te brinda una comprensión científica de una ley que te libera de la enfermedad, la carencia o cualquier tipo de limitación. De hecho, te permite respirar el "aliento de vida" por ti mismo.

26. Este "aliento de vida" es una realidad supraconsciente. Es la esencia del "Yo soy." Es el Ser puro o Sustancia Universal, y nuestra unidad consciente con él nos permite acceder y ejercer los poderes de esta energía creativa.

27. El pensamiento es una vibración creativa, y la calidad de las condiciones que creamos depende de la calidad de nuestros pensamientos. No podemos manifestar poderes que no poseemos. Debemos "ser" antes de poder "hacer", y solo podemos "hacer" en la medida en que "somos". Por lo tanto, lo que hacemos está intrínsecamente relacionado con lo que "somos", y lo que "somos" depende de lo que "pensamos".

28. Cada vez que piensas, pones en marcha una cadena de causalidad que creará una condición en estricta concordancia con la calidad del pensamiento que la originó. Los pensamientos que

están en armonía con la Mente Universal darán lugar a condiciones que reflejarán esa armonía. Por otro lado, los pensamientos destructivos o discordantes producirán resultados acordes a su naturaleza. Puedes utilizar el pensamiento de manera constructiva o destructiva, pero la ley inmutable no te permitirá sembrar un tipo de pensamiento y cosechar un resultado opuesto. Eres libre de usar este maravilloso poder creativo como desees, pero debes asumir la responsabilidad por las consecuencias.

29. Aquí radica el peligro del llamado "Poder de la Voluntad". Algunos creen erróneamente que pueden forzar esta ley mediante la fuerza de la voluntad, sembrando un tipo de pensamiento y, a través del "Poder de la Voluntad", cosechar un resultado diferente. Sin embargo, el principio fundamental del poder creativo reside en lo Universal. Por lo tanto, la idea de forzar el cumplimiento de nuestros deseos por el poder de la voluntad individual es un concepto invertido que aparentemente puede tener éxito por un tiempo, pero eventualmente está condenado al fracaso, ya que antagoniza el mismo poder que está intentando utilizar.

30. Es lo individual tratando de forzar lo Universal, lo finito en conflicto con lo Infinito. Nuestro bienestar permanente se conservará mejor mediante una colaboración consciente con el constante movimiento de avance del Gran Todo.

31. Para tu ejercicio esta semana, entra en el Silencio y concéntrate en el hecho de que, "en Él vivimos, nos movemos y tenemos nuestro ser". Esto es literal y científicamente preciso. Reconoce que existes porque Él existe, y que si Él es

Omnipresente, entonces Él debe residir en ti. Comprende que si Él es todo en todos, entonces también debe estar en ti. Él es Espíritu, y tú estás hecho "a Su imagen y semejanza". La única diferencia entre Su Espíritu y el tuyo es una cuestión de grado; la parte debe ser igual en tipo y calidad al todo. Cuando logres entender esto con claridad, habrás descubierto el secreto del poder creativo del pensamiento. Habrás encontrado el origen del bien y del mal, y habrás encontrado la llave para la solución de cada problema ya sea físico, financiero o del entorno.

> El poder de pensar de manera coherente, profunda y clara es un enemigo declarado y mortal de los errores y las equivocaciones, las supersticiones, las teorías no científicas, las creencias irracionales, el entusiasmo desenfrenado y el fanatismo.
>
> —Haddock.

LECCIÓN 20

PREGUNTAS Y RESPUESTAS

¿De qué condiciones depende el Poder?
Depende del reconocimiento y el uso.

¿Qué es el reconocimiento?
La conciencia.

¿Cómo nos hacemos conscientes del poder?
A través del pensamiento.

¿Cuál es, entonces, el verdadero asunto de la vida?
El pensamiento científico correcto.

¿Qué es el pensamiento científico correcto?
Es la capacidad de ajustar nuestros procesos de pensamiento a la voluntad de lo Universal, en otras palabras, cooperar con las leyes naturales.

¿Cómo se logra esto?
Mediante una comprensión perfecta de los principios, las fuerzas, los métodos y las combinaciones de la mente.

¿Qué es esta Mente Universal?
Es el fundamento básico de toda la existencia.

¿Cuál es la causa de toda carencia, limitación, enfermedad y discordia?
Se debe precisamente a la operación de la misma ley. Esta ley opera implacablemente y crea continuamente condiciones en correspondencia con el pensamiento que las origina o crea.

¿Qué es la inspiración?
Es el arte de reconocer la omnipresencia de la omnisciencia.

¿De qué dependen las condiciones que encontramos?
Dependen de la calidad de nuestros pensamientos, porque lo que hacemos se deriva de lo que somos, y lo que somos se basa en lo que pensamos.

LECCIÓN 21

INTRODUCCIÓN

Tengo el honor de entregar la lección veintiuno. En el párrafo siete, descubrirás que uno de los secretos del éxito, uno de los métodos para organizar la victoria y uno de los logros de la Mente Maestra es tener grandes pensamientos. En el párrafo ocho, encontrarás que todo lo que mantenemos en nuestra conciencia durante un período de tiempo se imprime en nuestro subconsciente y se convierte en un molde que la energía creativa manifestará en nuestra vida y entorno. Este es el secreto del maravilloso poder de la oración.

Sabemos que el universo está gobernado por la ley; que para cada efecto debe haber una causa; y que la misma causa, bajo las mismas condiciones, producirá invariablemente el mismo efecto. Por lo tanto, si alguna vez se respondió una oración, siempre se responderá, si se cumplen las condiciones adecuadas. Esto debe ser necesariamente cierto; de lo contrario, el universo sería un caos en lugar de un cosmos.

La respuesta a la oración está sujeta a la ley, y esta ley es definitiva, exacta y científica, al igual que las leyes que rigen la gravitación y la electricidad. La comprensión de esta ley coloca los fundamentos del cristianismo fuera del ámbito de la superstición y la credulidad, y los establece sobre la base sólida del entendimiento científico. Sin embargo, lamentablemente, hay relativamente pocas personas que saben cómo orar. Comprenden que existen leyes que gobiernan la electricidad, las matemáticas y la química, pero, por alguna inexplicable razón, a menudo no se dan cuenta de que también existen leyes espirituales, y que estas leyes son igualmente definidas, científicas, exactas y operan con una precisión inmutable.

LECCIÓN 21

EL SECRETO DEL PODER

1. El verdadero secreto del poder es la conciencia de Poder. La Mente Universal es incondicional; por lo tanto, cuanto más conscientes seamos de nuestra Unidad con esta mente, menos conscientes seremos de las condiciones y limitaciones. A medida que nos liberamos de las condiciones, alcanzamos una comprensión de lo incondicional. ¡Nos hacemos libres!

2. Tan pronto como llegamos a ser conscientes del poder inagotable en nuestro mundo interior, comenzamos a atraer este poder, aplicarlo y desarrollar las grandes posibilidades que son alcanzables con este discernimiento. Porque lo que nos volvemos conscientes invariablemente se manifiesta en el mundo objetivo y se convierte en una expresión tangible.

3. La razón de esto es que la Mente Infinita, de la cual todas las cosas proceden, es una e indivisible. Cada individuo es un canal a través del cual se manifiesta esta Energía Eterna. Nuestra capacidad de pensar es nuestra capacidad de actuar sobre esta Sustancia Universal, y lo que pensamos es lo que se crea o produce en el mundo objetivo.

4. El resultado de este descubrimiento es asombroso. Significa que la mente es de una calidad extraordinaria, ilimitada en cantidad y contiene innumerables posibilidades. Llegar a ser conscientes de este poder es como convertirse en un "conector viviente". Tiene el mismo efecto que conectar un cable común a uno que está cargado. Lo Universal es el cable cargado, con poder suficiente para resolver cualquier situación que pueda surgir en la vida de cada individuo. Cuando la mente individual

se conecta con la Mente Universal, recibe todo el poder que necesita. Este es el mundo interior. Toda ciencia reconoce la realidad de este mundo, y todo poder depende de nuestro reconocimiento de este mundo.

5. La capacidad de eliminar condiciones imperfectas depende de la acción mental, y la acción mental a su vez depende de la conciencia de poder. Por lo tanto, cuanto más conscientes seamos de nuestra unidad con la fuente de todo poder, mayor será nuestra capacidad para controlar y dominar cada condición.

6. Las grandes ideas tienen el poder de eliminar todas las ideas más pequeñas. Por lo tanto, es beneficioso sostener ideas lo suficientemente grandes como para contrarrestar y destruir todas las tendencias pequeñas o indeseables. Esto eliminará numerosos obstáculos insignificantes y molestos de tu camino. También te harás consciente del gran mundo del pensamiento, lo que aumentará tu capacidad mental y te situará en una posición para lograr algo de valor.

7. Este es uno de los secretos del éxito, uno de los métodos para organizar la victoria y uno de los logros de la Mente Maestra: pensar en grande. Las energías creativas de la mente no encuentran mayores dificultades en el manejo de situaciones grandes que en las pequeñas. La mente está presente tanto en lo infinitamente grande como en lo infinitamente pequeño.

8. Cuando comprendemos estos hechos referentes a la mente, entendemos cómo podemos atraer cualquier condición hacia nosotros, creando las condiciones correspondientes en nuestra conciencia. Todo lo que se mantiene en la conciencia durante un período de tiempo se imprime eventualmente en el subconsciente

y se convierte en un molde que la energía creativa utilizará para manifestarlo en la vida y en el entorno del individuo.

9. De esta manera, se generan las condiciones, y descubrimos que nuestras vidas son simplemente un reflejo de nuestros pensamientos predominantes o de nuestra actitud mental. Entonces, vemos que la ciencia del pensamiento correcto es la única ciencia que abarca todas las demás ciencias.

10. A través de esta ciencia, aprendemos que cada pensamiento crea una impresión en el cerebro, estas impresiones generan tendencias mentales y estas tendencias moldean el carácter, la habilidad y el propósito. La combinación de carácter, habilidad y propósito determina las experiencias que encontramos en la vida.

11. Estas experiencias llegan a nosotros a través de la ley de la atracción; esta ley dicta que encontramos en el mundo externo las experiencias que se corresponden con nuestro mundo interno.

12. El pensamiento predominante o la actitud mental actúan como un imán, y la ley establece que "los iguales se atraen". Por lo tanto, la actitud mental atraerá invariablemente las condiciones que son afines a su naturaleza.

13. Esta actitud mental es nuestra personalidad y está compuesta de los pensamientos que hemos estado cultivando en nuestra propia mente. Por lo tanto, si deseamos un cambio en las condiciones, todo lo que se necesita es cambiar nuestros pensamientos. Esto a su vez modificará nuestra actitud mental, y a su vez transformará nuestra personalidad, lo que finalmente afectará a las personas, las cosas y las condiciones o las experiencias que encontramos en la vida.

14. No obstante, cambiar la actitud mental no es tarea fácil, pero con persistente esfuerzo se puede lograr. La actitud mental está modelada por las imágenes mentales que se han grabado en el cerebro. Si no te agradan esas imágenes, destruye los negativos y crea nuevas imágenes. Esto es lo que se conoce como el arte de la visualización.

15. En cuanto hayas hecho esto, comenzarás a atraer nuevas cosas, y esas nuevas cosas se corresponderán con las nuevas imágenes. Para lograrlo, imprime en tu mente una imagen perfecta de lo que deseas, lo que deseas que se materialice, y mantén esa imagen en tu mente hasta que obtengas los resultados deseados.

16. Si tu deseo requiere determinación, capacidad, talento, valor, poder u otro atributo espiritual, entonces estos aspectos son esenciales en tu imagen mental. Constrúyelos en tu imagen; son la parte vital de la misma. Representan el sentimiento que, combinado con el pensamiento, crea un poder magnético irresistible que atraerá hacia ti lo que necesitas. Estos elementos dan vida a tu imagen, y la vida significa crecimiento. Tan pronto como comienzan a crecer, el resultado está prácticamente garantizado.

17. No dudes en aspirar a los logros más elevados posibles en cualquier cosa que emprendas, porque las fuerzas de la mente están siempre dispuestas a unirse a una voluntad decidida para cristalizar las aspiraciones más elevadas en acciones, logros y eventos.

18. Un ejemplo de cómo operan estas fuerzas mentales se ve en la formación de nuestros hábitos. Comenzamos haciendo algo, luego lo repetimos una y otra vez hasta que se vuelve fácil y casi automático. La misma regla se aplica cuando se trata de romper malos hábitos; dejamos de hacer algo, evitándolo una y otra vez hasta que nos liberamos por completo de él. Si ocasionalmente fallamos, no debemos perder la esperanza, ya que la ley es absoluta e invencible, y nos otorga crédito por cada esfuerzo y éxito, incluso si son intermitentes.

19. No hay límite para lo que esta ley puede hacer por ti; atrévete a creer en tu propia idea; recuerda que la naturaleza es moldeable al ideal; piensa en el ideal como si ya se hubiera logrado.

20. La verdadera batalla de la vida es una batalla de ideas; está siendo librada por unos pocos contra muchos. En un lado se encuentra el pensamiento constructivo y creativo, y en el otro lado se encuentra el pensamiento destructivo y negativo. El pensamiento creativo está guiado por un ideal, mientras que el pensamiento pasivo se somete a las apariencias. Ambos lados incluyen a personas de ciencia, personas de letras y personas de negocios.

21. En el lado creativo, hay individuos que dedican su tiempo a laboratorios o a la exploración a través de microscopios y telescopios, trabajando codo a codo con aquellos que dominan el mundo comercial, político y científico. Por otro lado, en el lado negativo, hay quienes se dedican a estudiar leyes y precedentes, personas que confunden la teología con la religión, personas de Estado que confunden el poder con el derecho, y millones que parecen preferir el pasado al progreso. Estos últimos

perpetuamente miran hacia atrás en lugar de avanzar y solo observan el mundo externo sin comprender el mundo interno.

22. En última instancia, solo existen estas dos categorías; todas las personas tendrán que tomar posición en uno de los lados, avanzar o retroceder, ya que no es posible quedarse inmóvil en un mundo en constante movimiento. La resistencia a avanzar es lo que justifica y perpetúa códigos de ley arbitrarios y desiguales.

23. Estamos en una era de transición, como lo demuestran los disturbios que se manifiestan en todas partes. Las quejas de la humanidad resuenan como un cañonazo en el cielo, comenzando con notas bajas y amenazadoras, aumentando hasta que el sonido se propaga de nube en nube, y el relámpago atraviesa el aire y la tierra.

24. Las personas que custodian los puestos clave en el mundo industrial, político y religioso están llamándose ansiosamente entre sí, preguntándose sobre el futuro. La amenaza y la inseguridad de sus posiciones se hacen cada vez más evidentes con cada hora que pasa. El amanecer de una nueva era claramente indica que el actual orden de las cosas ya no podrá sostenerse por mucho más tiempo.

25. El conflicto entre el viejo régimen y el nuevo, el punto central del problema social, se reduce completamente a las creencias arraigadas en las mentes de las personas acerca de la naturaleza del Universo. Cuando las personas se den cuenta de que la poderosa fuerza espiritual o la Mente que rige el Cosmos reside dentro de cada individuo, será posible crear leyes que salvaguarden las libertades y los derechos de los muchos, en vez de los privilegios de unos pocos.

LECCIÓN 21

26. Mientras la gente considere el poder cósmico como algo no humano y ajeno a la humanidad, será relativamente fácil para una clase supuestamente privilegiada gobernar mediante el derecho divino, a pesar de las protestas del sentimiento social. El verdadero objetivo de la democracia es elevar, liberar y reconocer la divinidad del espíritu humano. Reconocer que todo el poder proviene del interior, y que ningún ser humano tiene más poder que otro, excepto aquel que voluntariamente elige delegar. El antiguo régimen nos hizo creer que la ley estaba por encima de quienes la creaban; aquí yace la raíz del problema social en todas sus formas de privilegio y desigualdad personal, la institucionalización de la nociva doctrina de la elección divina.

27. La Mente Divina es la Mente Universal; no hace excepciones, no tiene favoritos; no actúa por capricho, por ira, celos o cólera; tampoco puede ser persuadida, engañada o influenciada por afectos o peticiones destinadas a satisfacer las necesidades percibidas por el individuo como esenciales para su felicidad o incluso su supervivencia. La Mente Divina no hace excepción para favorecer a ningún individuo; pero cuando el individuo comprende y toma conciencia de su Unidad con el principio Universal, parece ser favorecido porque ha descubierto la fuente de toda salud, riqueza y poder.

28. Para tu ejercicio de esta semana, concéntrate en la Verdad. Intenta comprender que la 'Verdad te hará libre', es decir, nada puede interponerse permanentemente en el camino de tu éxito perfecto, cuando aprendes a aplicar los métodos y principios científicos del pensamiento correcto. Reconoce que estás

expresando en tu entorno tu inherente potencialidad del alma. Comprende que el silencio ofrece una oportunidad siempre disponible y casi ilimitada para despertar el concepto más elevado de la verdad. Trata de entender que la Omnipotencia misma es el absoluto silencio; todo lo demás es cambio, actividad, limitación. Por lo tanto, la concentración silenciosa del pensamiento es el verdadero método para alcanzar, despertar y luego expresar el maravilloso poder potencial del mundo interior.

> Las posibilidades de entrenar el pensamiento son infinitas y sus consecuencias eternas; sin embargo, pocos hacen el esfuerzo por dirigir su pensamiento hacia los canales que les beneficiarán, sino que en cambio dejan todo al azar.
>
> —Marden.

LECCIÓN 21

PREGUNTAS Y RESPUESTAS

¿Cuál es el verdadero secreto del Poder?
La conciencia de Poder, ya que lo que nos hacemos conscientes invariablemente se manifiesta en el mundo objetivo y toma forma tangible.

¿Cuál es la fuente de este Poder?
La Mente Universal, de la cual todas las cosas proceden y es una e indivisible.

¿Cómo se manifiesta este Poder?
A través del individuo; cada individuo actúa como un canal mediante el cual esta energía se diferencia y toma forma.

¿Cómo podemos conectarnos con esta Omnipotencia?
Nuestra capacidad de pensar es la forma en que nos conectamos con esta Energía Universal, y lo que pensamos es lo que se manifiesta o crea en el mundo objetivo.

¿Cuál es el resultado de este descubrimiento?
El resultado es maravilloso, abre oportunidades ilimitadas y sin precedentes.

¿Cómo podemos eliminar las condiciones imperfectas?
Haciéndonos conscientes de nuestra Unidad con la fuente de todo Poder.

¿Cuál es una de las características distintivas de la mente Maestra?

Piensa en grande, mantiene ideas lo suficientemente amplias como para superar y eliminar todos los obstáculos pequeños y molestos.

¿Cómo llegan a nosotros las experiencias?
A través de la ley de la atracción.

¿Cómo se pone en operación esta ley?
A través de nuestra actitud mental predominante.

¿Cuál es el problema entre el antiguo régimen y el nuevo?
Es una cuestión de convicción en cuanto a la naturaleza del Universo. El antiguo régimen está tratando de aferrarse a la doctrina fatalista de la elección divina, mientras que el nuevo régimen reconoce la Divinidad del individuo y la democracia de la humanidad.

LECCIÓN 22

INTRODUCCIÓN

En la lección veintidós, se destaca que los pensamientos son como semillas espirituales que, cuando se siembran en la mente subconsciente, tienen la tendencia a brotar y crecer. Desafortunadamente, en ocasiones, el fruto que producen no es de nuestro agrado. Diversos problemas de salud, como inflamación, parálisis, nerviosismo y enfermedades en general, a menudo son manifestaciones del miedo, la preocupación, la ansiedad, los celos, el odio y pensamientos similares.

Los procesos vitales se llevan a cabo a través de dos métodos distintos. En primer lugar, se toma y se utiliza el material nutritivo necesario para construir células. En segundo lugar, se descompone y se excreta el material de desecho. Toda la vida se basa en estas actividades constructivas y destructivas. Dado que los únicos requisitos para la construcción de células son alimentos, agua y aire, podría parecer que prolongar la vida indefinidamente no sería muy difícil. Sin embargo, sorprendentemente, con algunas raras excepciones, la causa principal de la enfermedad es la actividad destructiva. El material de desecho se acumula y satura los tejidos, lo que lleva a la autointoxicación. Esta autointoxicación puede ser parcial o general. En el primer caso, el trastorno será localizado; en el segundo, afectará todo el sistema.

Por lo tanto, en el proceso de curación de enfermedades, el desafío radica en aumentar el flujo de entrada y distribución de la energía vital en todo el sistema. Esto solo puede lograrse eliminando los pensamientos de miedo, preocupación, ansiedad, celos, odio y cualquier otro pensamiento destructivo que tienda a debilitar y destruir los nervios y las glándulas que controlan la excreción y eliminación de sustancias venenosas y desechos.

Los alimentos nutritivos y los tónicos fortificantes no pueden otorgar vida, ya que son manifestaciones secundarias de la vida. Esta lección aborda la manifestación primaria de la vida y cómo puedes conectarte con ella.

LECCIÓN 22

EL CAMINO HACIA LA SALUD PERFECTA

1. El conocimiento posee un valor inestimable, ya que mediante su aplicación podemos moldear nuestro futuro según nuestros deseos. Al comprender que nuestro carácter actual, entorno, capacidad y condición física son el resultado de patrones de pensamiento pasados, empezamos a apreciar el valor del conocimiento.

2. Si nuestra salud actual no cumple con nuestras expectativas, debemos examinar nuestro método de pensamiento. Debemos recordar que cada pensamiento deja una impresión en la mente; cada impresión es como una semilla que cae en el subconsciente y forma una tendencia. Esta tendencia atraerá otros pensamientos similares, y antes de que nos demos cuenta, cosecharemos lo que hemos sembrado.

3. Si estos pensamientos contienen los gérmenes de la enfermedad, nuestra cosecha será enfermedad, decaimiento, debilidad y falla. Entonces, la pregunta clave es: ¿Qué estamos pensando? ¿Qué estamos creando? ¿Cuál será la cosecha?

4. Si necesitamos cambiar alguna condición física, podemos utilizar efectivamente la ley de la visualización. Creamos una imagen mental de perfección física y la mantenemos en nuestra mente hasta que sea absorbida por nuestra conciencia. Muchas personas han superado dolencias crónicas en unas pocas semanas con este método, mientras que miles han vencido trastornos físicos comunes en cuestión de días e incluso minutos.

5. A través de la ley de vibración, nuestra mente ejerce control sobre el cuerpo. Cada pensamiento es una vibración, y toda

forma es simplemente una manifestación de movimiento o una frecuencia de vibración. En consecuencia, cualquier vibración dada modifica instantáneamente cada átomo de nuestro cuerpo, afectando cada célula viva y generando un cambio químico completo en grupos de células vivas.

6. En el universo, todo es lo que es debido a su frecuencia de vibración. Si cambiamos la frecuencia de vibración, cambiamos la naturaleza, la calidad y la forma de las cosas. Todo, desde lo visible hasta lo invisible, está en constante cambio a través de la modificación de frecuencias de vibración. Dado que el pensamiento es una forma de vibración, también podemos ejercer este poder y cambiar la vibración para manifestar cualquier condición que deseemos en nuestros cuerpos.

7. Todos estamos utilizando este poder en cada momento. El problema radica en que la mayoría de nosotros lo emplea de manera inconsciente, lo que conduce a resultados no deseados. La clave está en utilizarlo de manera consciente y lograr solo los resultados que deseamos. Esto no debería ser complicado, ya que todos tenemos suficiente experiencia para saber qué produce una vibración agradable en nuestro cuerpo, así como las causas de las sensaciones desagradables e indeseables.

8. Todo lo que necesitamos hacer es consultar nuestra propia experiencia. Cuando nuestro pensamiento ha sido optimista, progresivo, constructivo, valiente, noble, amable o de cualquier otra manera deseable, hemos puesto en movimiento vibraciones que han generado ciertos resultados. Por otro lado, cuando nuestro pensamiento se ha llenado de envidia, odio, celos, crítica o cualquiera de las otras miles formas de discordia, hemos puesto en marcha vibraciones que han producido resultados de

LECCIÓN 22

naturaleza diversa. Estas frecuencias de vibración, si se mantienen, se solidifican en una forma. En el primer caso, el resultado es salud mental, moral y física; en el segundo caso, el resultado es discordia, desarmonía y enfermedad.

9. Así podemos comprender el poder que la mente ejerce sobre el cuerpo.

10. La mente consciente tiene efectos notorios en el cuerpo que son fácilmente identificables. Por ejemplo, cuando alguien te dice algo gracioso y te ríes, es posible que incluso todo tu cuerpo se estremezca, lo que demuestra que el pensamiento tiene control sobre los músculos; o cuando alguien menciona algo que te causa compasión y tus ojos se llenan de lágrimas, lo cual demuestra que el pensamiento controla las glándulas de tu cuerpo; o cuando alguien menciona algo que te enfurece y sientes que la sangre sube a tus mejillas, lo que demuestra que el pensamiento controla la circulación sanguínea. Sin embargo, dado que estas experiencias son el resultado de la acción de la mente consciente sobre el cuerpo, sus efectos son temporales y desaparecen rápidamente, dejando la situación como estaba antes.

11. Observemos las diferencias en la influencia de la mente subconsciente en el cuerpo. Imagina que sufres una herida y, de inmediato, miles de células comienzan el proceso de curación. En cuestión de días o semanas, la herida ha sanado por completo. Incluso si llegaras a romperte un hueso, ningún cirujano en el mundo podría soldar las partes o unirlas (a menos que se utilicen barras u otros dispositivos para reforzar o sustituir los huesos). Sin embargo, el cirujano puede alinear las partes, y la mente subconsciente iniciará inmediatamente el proceso de fusión de los fragmentos, de modo que en poco tiempo el hueso estará tan

sólido como antes. Incluso si ingieres veneno, la mente subconsciente detectará de inmediato el peligro y hará esfuerzos intensos para eliminarlo. Si te infectas con un germen peligroso, la mente subconsciente construirá una barrera alrededor del área infectada y eliminará la infección, absorbiéndola en los glóbulos blancos que están diseñados para esta función.

12. Por lo general, estos procesos de la mente subconsciente ocurren sin que tengamos conocimiento o control directo sobre ellos, y si no intervenimos, el resultado es perfecto. Sin embargo, como todas estas millones de células de reparación son inteligentes y responden a nuestros pensamientos, a menudo se ven paralizadas y desviadas debido a nuestros pensamientos de miedo, duda y ansiedad. Imagina que son como un ejército de trabajadores listos para comenzar una tarea importante, pero cada vez que intentan empezar, se llama a huelga o se cambian los planes, hasta que finalmente se desaniman y se rinden.

13. El camino hacia la salud se fundamenta en la ley de la vibración, que es la base de toda la ciencia, y esta ley es puesta en marcha por la mente, es decir, el "mundo interno". Lograr la salud es una cuestión de esfuerzo y práctica individual. Nuestro verdadero poder reside en nuestro interior, y si somos sabios, no malgastaremos tiempo y energía tratando de enfrentar los efectos que encontramos en el "mundo externo", que no es más que un reflejo exterior.

14. Siempre encontraremos la causa en el "mundo interno"; al cambiar la causa, cambiará el efecto.

LECCIÓN 22

15. Cada célula de tu cuerpo posee inteligencia y responderá a tu dirección. Estas células son inherentemente creativas y darán forma al patrón exacto que les proporcionas.

16. Por lo tanto, cuando presentas imágenes de perfección a tu mente subconsciente, las energías creativas trabajarán para construir un cuerpo perfecto.

17. Lo mismo se aplica a las células cerebrales. La calidad del cerebro está determinada por el estado mental o la actitud mental. Si transmites actitudes mentales indeseables a tu mente subconsciente, estas se reflejarán en tu cuerpo. Así que es evidente que si deseamos que el cuerpo manifieste salud, fuerza y vitalidad, debemos mantener predominantemente pensamientos positivos.

18. Sabemos que cada elemento del cuerpo humano resulta de una frecuencia de vibración.

19. También sabemos que la acción mental es una frecuencia de vibración.

20. Sabemos que una frecuencia de vibración más alta tiene el poder de gobernar, modificar, controlar, cambiar o incluso destruir una frecuencia de vibración más baja.

21. Sabemos que la frecuencia de vibración está determinada por el carácter de las células cerebrales y, en última instancia:

22. Sabemos cómo crear estas células cerebrales.

23. Por lo tanto, sabemos cómo llevar a cabo cualquier cambio físico que deseemos en nuestro cuerpo. Con un conocimiento práctico del poder de la mente hasta este punto, somos conscientes de que prácticamente no existen límites para nuestra capacidad de estar en sintonía con la ley natural, que es omnipotente.

24. Esta influencia o control de la mente sobre el cuerpo está ganando un mayor reconocimiento, y muchos médicos ahora están prestando una seria atención a este tema. El Dr. Albert T. Shofield, autor de varios libros importantes sobre este tema, afirmó: "La terapia mental todavía es un tema ignorado en la medicina en general. En nuestras fisiologías, no se hace ninguna referencia al poder central que rige el bienestar del cuerpo y rara vez se menciona el poder de la mente sobre el cuerpo".

25. Sin duda, muchos médicos tratan con sabiduría las enfermedades nerviosas de origen funcional. No obstante, estamos seguros de que el conocimiento que aplican no se enseña en ninguna escuela ni se encuentra en ningún libro; es más bien intuitivo y empírico.

26. Esto no es como debería ser. El poder de la terapia mental debería ser objeto de una enseñanza cuidadosa, especializada y científica en todas las escuelas de medicina. Podríamos adentrarnos en una discusión más detallada sobre la negligencia o la falta de tratamiento y describir los resultados desastrosos en casos que han sido descuidados, pero esta es una tarea desagradable.

27. Pocos pacientes son conscientes de cuánto pueden hacer por sí mismos; las fuerzas que pueden desencadenar aún son

desconocidas en gran medida. Creemos que son mucho más poderosas de lo que la mayoría imagina, y sin duda, se utilizarán cada vez más. La terapia mental puede ser dirigida por el propio paciente para calmar la mente, promover la alegría, la esperanza, la fe y el amor; sugerir motivos para esforzarse, mediante la práctica regular del trabajo mental, desviando los pensamientos de la enfermedad.

28. Para tu ejercicio esta semana, concéntrate en las hermosas líneas de Tennyson:

> "Habla con Él porque Él escucha, y el Espíritu con el Espíritu se puede encontrar; Él está más cerca que tu aliento y más cerca que tus manos y tus pies"

Reconoce que cuando "hablas con Él," estás en contacto con la Omnipotencia.

29. El entendimiento y reconocimiento de este poder Omnipresente pueden rápidamente eliminar cualquier forma de enfermedad o sufrimiento y reemplazarla por armonía y perfección. Recuerda que algunas personas parecen pensar que la enfermedad y el sufrimiento son enviados por Dios. Si eso fuera cierto, entonces cada médico, cirujano y enfermera de la Cruz Roja estaría desafiando la voluntad de Dios, y los hospitales y sanatorios serían lugares de rebelión en lugar de lugares de misericordia. Por supuesto, este razonamiento es absurdo, pero aún hay quienes mantienen esa idea.

30. Reflexiona sobre el hecho de que, hasta hace poco tiempo, la teología ha intentado presentarnos a un Creador imposible, uno

que creó seres capaces de pecar y luego permitió que fueran castigados eternamente por esos pecados. Por supuesto, el resultado lógico de tal ignorancia extraordinaria fue el fomento del miedo en lugar del amor. Después de dos mil años de este tipo de propaganda, la teología ahora se está disculpando ante la Cristiandad.

31. Ahora apreciarás más fácilmente al ser humano ideal, al ser creado a imagen y semejanza de Dios, y valorarás la mente creativa que da forma, sostiene, origina y crea todo lo que existe. Todos somos partes de un magnífico Todo, cuyo cuerpo es la naturaleza y cuya alma es Dios.

> La oportunidad sigue a la percepción, la acción sigue a la inspiración, el crecimiento sigue al conocimiento, y la grandeza da lugar al progreso. Siempre lo espiritual primero, y luego la transformación en infinitas e ilimitadas posibilidades de logros.

LECCIÓN 22

PREGUNTAS Y RESPUESTAS

¿Cómo se puede eliminar la enfermedad?
Poniéndonos en armonía con la Ley Natural, que es Omnipotente.

¿Cuál es el proceso?
Reconociendo que el ser humano es espiritual y que este espíritu debe ser necesariamente perfecto.

¿Cuál es el resultado?
El reconocimiento consciente de esta perfección, primero intelectualmente y luego emocionalmente, resulta en una manifestación de esta perfección.

¿Por qué sucede esto?
Porque el pensamiento es espiritual y, por lo tanto, creativo; se relaciona con su objeto y lo lleva a manifestarse.

¿Qué Ley Natural se pone en funcionamiento?
La ley de la Vibración.

¿Cómo funciona?
Una frecuencia más alta de vibración rige, modifica, controla, cambia o destruye una frecuencia de vibración más baja.

¿Este sistema de terapia mental es generalmente reconocido?
Sí, literalmente, hay millones de personas en el país que lo utilizan de una forma u otra (obviamente, muchos más en todo el mundo).

¿Cuál es el resultado de este sistema de pensamiento?

Por primera vez en la historia del mundo, la facultad del razonamiento más elevado de cada ser humano puede satisfacerse con una verdad demostrable que ahora se está difundiendo rápidamente por todo el mundo.

¿Es este sistema aplicable a otras formas de suministro?

Resuelve cada necesidad o requerimiento humano.

¿Este sistema es científico o religioso?

Es ambas cosas. La verdadera ciencia y la verdadera religión son hermanas gemelas; donde una va, la otra necesariamente la sigue.

LECCIÓN 23

INTRODUCCIÓN

En la lección que tengo el honor de presentar ahora, te darás cuenta de que el dinero se entrelaza en el tejido de nuestra propia existencia; que la ley del éxito es el servicio; que recibimos lo que damos, por lo tanto, deberíamos considerar un gran privilegio poder dar.

Hemos aprendido que el pensamiento es la actividad creativa detrás de todo trabajo constructivo. No podemos dar nada de mayor valor que nuestro pensamiento.

El pensamiento creativo requiere atención, y como hemos visto, el poder de la atención es la herramienta de los Grandes. La atención desarrolla la concentración, y la concentración desarrolla el Poder Espiritual; el Poder Espiritual es la fuerza más poderosa en existencia. Esta es la ciencia que abarca todas las ciencias. Es el arte que, por encima de todos los demás, es relevante para la vida humana. En el dominio de esta ciencia y arte, hay oportunidad para un progreso interminable. La perfección en esto no se adquiere en seis días, ni en seis semanas, ni en seis meses. Es el trabajo de toda la vida. No avanzar equivale a retroceder.

Mantener pensamientos positivos, constructivos y generosos inevitablemente tiene un efecto beneficioso de gran alcance. La compensación es la nota clave del universo. La naturaleza busca constantemente alcanzar un equilibrio. Donde algo es dado, algo debe ser recibido; de lo contrario, se crearía un vacío. Al seguir esta regla, no puedes dejar de experimentar beneficios en medida suficiente como para justificar ampliamente tus esfuerzos en esta área.

LECCIÓN 23

ÉXITO Y RIQUEZA

1. La conciencia del dinero es una actitud de la mente; es la puerta abierta a los canales del comercio. Es una actitud receptiva. El deseo es la fuerza de atracción que pone en movimiento la corriente, y el miedo es el gran obstáculo que detiene o invierte completamente esa corriente, alejándola de nosotros.

2. El miedo es justo lo opuesto a la conciencia del dinero; es la conciencia de la pobreza. Y como la ley es inmutable, obtenemos exactamente lo que damos. Si tememos, obtenemos lo temido. El dinero se entrelaza en el tejido de nuestra propia existencia; involucra el mejor pensamiento de las mentes más brillantes.

3. Ganamos dinero haciendo amigos, y expandimos nuestro círculo de amistades al hacer dinero para ellos, al ayudarles y ser útiles. La primera ley del éxito es el servicio, y esta se basa en la integridad y la justicia. Quien no actúa con justicia en sus intenciones simplemente es ignorante, pues ha pasado por alto la ley fundamental de todo intercambio. Está destinado al fracaso. Puede que no lo sepa y crea que está ganando, pero finalmente será castigado por la ley de la compensación, que le devolverá lo que ha dado.

4. Las fuerzas de la vida son volátiles y están compuestas por nuestros pensamientos e ideales, los cuales se moldean en forma. Nuestro desafío es mantener una mente abierta, buscar constantemente lo nuevo, reconocer la oportunidad y estar interesados en la carrera más que en la meta, ya que el placer está en la búsqueda, no en la posesión.

5. Puedes convertirte en un imán para el dinero, pero primero debes considerar cómo puedes ganar dinero para otras personas. Si tienes la visión necesaria para identificar y aprovechar oportunidades y condiciones favorables, y además reconoces los valores, estarás en posición de aprovecharlas. No obstante, tu mayor éxito vendrá cuando estés dispuesto a ayudar a otros. Lo que beneficia a uno debe beneficiar a todos.

6. Un pensamiento generoso está lleno de fuerza y vitalidad, mientras que un pensamiento egoísta contiene el germen de la disolución; se desintegrará y desaparecerá. Los grandes financieros son simplemente canales para la distribución de la riqueza; enormes cantidades vienen y van, pero sería tan peligroso detener la salida como el ingreso; ambos extremos deben permanecer abiertos. Nuestro mayor éxito vendrá cuando reconozcamos que es tan esencial dar como recibir.

7. Si reconocemos el Poder Omnipotente como la fuente de todo suministro y ajustamos nuestra conciencia a este suministro, constantemente atraeremos todo lo que sea necesario. Reconoceremos que cuanto más damos, más conseguimos. En este sentido, dar implica servicio. El banquero da su dinero, el comerciante da sus mercancías, el autor da su pensamiento, el obrero da su habilidad; todos tienen algo que dar, pero cuanto más puedan dar, más conseguirán, y cuanto más consigan, más podrán dar.

8. El financiero obtiene mucho porque da mucho, él piensa y rara vez permite que otros piensen por él. Quiere saber cómo se van a asegurar los resultados. Tú debes demostrárselo y cuando puedas hacer esto, él proveerá los medios por los cuales cientos o miles

LECCIÓN 23

pueden beneficiarse. En la medida en que ellos sean exitosos, él también lo será. Morgan, Rockefeller, Carnegie y otros no se hicieron ricos porque otros perdieron dinero, sino porque hicieron dinero para otras personas y se convirtieron en los hombres más ricos del mundo.

9. La persona promedio es completamente inconsciente de cualquier pensamiento profundo; acepta las ideas de los demás y las repite de la misma manera que un loro. Esto se ve fácilmente cuando entendemos el método que se utiliza para formar la opinión pública. Esta actitud dócil por parte de la mayoría permite que unas pocas personas piensen por ellos y, justamente por eso, unas pocas personas pueden usurpar todas las avenidas de poder y mantener a millones sometidos. El pensamiento creativo requiere atención.

10. El poder de la atención se llama concentración, y este poder es dirigido por la voluntad. Por lo tanto, debemos negarnos a concentrarnos o pensar en cualquier cosa, excepto en las cosas que deseamos. Muchos se concentran constantemente en la tristeza, la pérdida y todo tipo de discordia, y como el pensamiento es creativo, esto inevitablemente conduce a más pérdida, más tristeza y más discordia. ¿Cómo podría ser de otra manera? Por otro lado, cuando nos encontramos con el éxito, la ganancia u otras condiciones deseables, naturalmente nos concentramos en los efectos de estas cosas y, de ese modo, creamos más. Así que se concluye que lo mucho conduce a más.

11. La forma en que la comprensión de este principio puede utilizarse en el mundo de los negocios, está muy bien expresada por un asociado mío:

12. "El espíritu, cualquier cosa que pueda o no pueda ser, debe ser considerado como la Esencia de la Conciencia, la Sustancia de la Mente, la realidad subyacente al Pensamiento. Y como todas las ideas son fases de la actividad de la Conciencia, la Mente o el Pensamiento, se deduce que, en el Espíritu y solo en él debe encontrarse el Hecho Último, Lo Real o la Idea."

13. Admitiendo esto, ¿no parece razonable sostener que una verdadera comprensión del Espíritu y sus leyes de manifestación sería lo más "práctico" que una persona "práctica" puede esperar encontrar? ¿No parece cierto que, si las personas "prácticas" del mundo pudieran reconocer este hecho, se esforzarían al máximo para llegar al lugar donde pudieran obtener tal conocimiento de las cosas y las leyes espirituales? Estas personas no son tontas; solo necesitan captar este hecho fundamental para avanzar en la dirección de aquello que es la esencia de todo logro.

14. Déjame darte un ejemplo concreto. Conozco a un hombre en Chicago a quien siempre había considerado bastante materialista. Había tenido varios éxitos en su vida, así como también varios fracasos. La última vez que hablé con él, se encontraba prácticamente en bancarrota en comparación con su situación comercial anterior. Parecía estar en una situación difícil, ya que estaba avanzando en la etapa de la mediana edad y las nuevas ideas le llegaban más lentamente y con menos frecuencia que en años anteriores.

15. Básicamente, me dijo: "Sé que en los negocios, todas las cosas que "funcionan" son el resultado del pensamiento; eso es algo que cualquiera puede entender. Sin embargo, en este momento, siento que estoy escaso de pensamientos e ideas brillantes. Pero si esta enseñanza de 'Todo es Mente' es cierta,

LECCIÓN 23

debe ser posible para una persona establecer una 'conexión directa' con la Mente Infinita. En la Mente Infinita deben residir todas las ideas geniales que una persona con mi experiencia y habilidades podría poner en práctica en el mundo de los negocios y alcanzar un gran éxito. Esto suena razonable, y voy a investigarlo".

16. Esto sucedió hace varios años. Recientemente, escuché sobre este hombre nuevamente. Hablando con un amigo, le pregunté: "¿Qué ha sido de nuestro antiguo amigo X? ¿Ha logrado recuperarse?" Mi amigo me miró asombrado y me dijo: "¿En serio? ¿No sabes del gran éxito de X? Él es la mente maestra detrás de la 'Compañía' (nombrando una empresa que ha logrado un éxito fenomenal en los últimos dieciocho meses y es ampliamente reconocida por su publicidad a nivel nacional e internacional). X es quien proporcionó la gran idea para esa empresa. Actualmente, está generando ganancias de más de medio millón de dólares y se acerca rápidamente a la marca del millón, ¡todo en tan solo dieciocho meses!" En ese momento, no había relacionado a este hombre con la mencionada empresa, aunque estaba al tanto del impresionante éxito de la compañía en cuestión. Luego de investigar, confirmé que la historia era cierta y que los logros mencionados anteriormente no estaban exagerados en absoluto.

17. ¿Qué opinas de eso? En mi opinión, esto significa que este hombre realmente estableció una "conexión directa" con la Mente Infinita o el Espíritu y, habiendo hecho esta conexión, la puso a trabajar para él en su negocio.

18. ¿Esto suena a sacrilegio o blasfemia? Espero que no, ya que no es mi intención que lo sea. Si eliminamos la implicación de

personalidad o naturaleza humana magnificada del concepto de "Infinito", entenderemos que se refiere a una Presencia Infinita de Poder, cuya esencia es la Conciencia y, en última instancia, el Espíritu. En este sentido, este hombre, al ser también una manifestación del Espíritu, armonizó con su Origen y Fuente y pudo manifestar su Poder, aunque en un grado menor. Todos nosotros lo hacemos en cierta medida cuando utilizamos nuestras mentes para el Pensamiento Creativo. Sin embargo, este hombre lo llevó a cabo de manera intensamente práctica.

19. Aunque no he tenido la oportunidad de preguntarle sobre su método específico, planeo hacerlo en cuanto tenga la oportunidad. No solo recurrió a la Fuente Infinita para obtener las ideas necesarias, que fueron la semilla de su éxito, sino que también utilizó el Poder Creativo del Pensamiento al construir un Patrón Idealista de lo que esperaba manifestar en el mundo material. Este patrón idealista fue desarrollado y refinado con el tiempo, desde una idea general hasta un diseño final con detalles. Considero que estos son los hechos del caso, no solo por lo que recuerdo de la conversación que tuvimos hace algunos años, sino también porque he observado situaciones similares en otros hombres prominentes que han aplicado el Pensamiento Creativo de manera similar.

20. Aquellos que se abstienen de la idea de emplear el Poder Infinito para ayudarse en su trabajo en el mundo material deben recordar que si el Infinito se opusiera de alguna manera a tal procedimiento, simplemente no sería posible. El Infinito es más que capaz de cuidar de sí mismo.

21. La Espiritualidad es increíblemente práctica, sumamente práctica, profundamente práctica. Nos enseña que el Espíritu es

lo que realmente importa, que lo abarca todo y que la materia es simplemente algo maleable, que el Espíritu puede crear, dar forma, manipular y moldear según su voluntad. La Espiritualidad es lo más práctico del mundo, lo más verdadero y absolutamente práctico que existe.

22. Esta semana, concéntrate en el hecho de que el ser humano no es un cuerpo con espíritu, sino un espíritu con un cuerpo. Por esta razón, sus deseos no pueden encontrar una satisfacción permanente en nada que no sea espiritual. El dinero no tiene valor en sí mismo, excepto para crear las condiciones que deseamos, y estas condiciones necesariamente son armoniosas. Las condiciones armoniosas requieren un suministro suficiente, por lo que, si parece haber alguna carencia, debemos comprender que la esencia o el propósito del dinero es el servicio. A medida que este pensamiento tome forma, los canales de suministro se abrirán, y tendrás la satisfacción de saber que los métodos espirituales son completamente prácticos.

> Hemos descubierto que el pensamiento deliberado y organizado con un propósito hace que ese propósito se desarrolle de manera firme. Por lo tanto, podemos tener una absoluta certeza sobre el resultado de nuestro experimento dinámico.
>
> —Francis Larimer Warner.

PREGUNTAS Y RESPUESTAS

¿Cuál es la primera ley de éxito?
El Servicio.

¿Cómo podemos ser de mayor utilidad?
Manteniendo una mente abierta y estar más interesado en la carrera que en la meta, en la búsqueda más que en la posesión.

¿Cuál es el resultado de un pensamiento egoísta?
Contiene los gérmenes de la disolución.

¿Cómo se logrará nuestro mayor éxito?
Reconociendo que es tan esencial dar como recibir.

¿Por qué los financieros frecuentemente encuentran gran éxito?
Porque ellos crean su propio pensamiento.

¿Por qué la mayoría de las personas en todos los países a menudo siguen pasivamente a unos pocos?
Porque permiten que esos pocos piensen por ellos.

¿Cuál es el efecto de concentrarse en la tristeza y la pérdida?
Atraer más tristeza y pérdida.

¿Cuál es el efecto de concentrarse en la ganancia?
Atraer más ganancias.

¿Este principio se aplica en el mundo de los negocios?
Sí, este es el único principio que siempre se utiliza o puede ser utilizado; no hay otro. El éxito es un efecto, y para asegurarlo,

LECCIÓN 23

debemos asegurar la causa, que es la idea o el pensamiento que crea el efecto.

¿Cuál es la aplicación práctica de este principio?
El éxito es un efecto, no una causa. Si deseamos asegurar el efecto, debemos asegurar la causa, la idea, o el pensamiento que lo genera.

> Alimenta tu mente con grandes pensamientos; creer en lo heroico crea héroes.
>
> —Disraeli.

LECCIÓN 24

INTRODUCCIÓN

A continuación, encontrarás la lección veinticuatro, tu última lección en este curso. Si has dedicado algunos minutos cada día a practicar cada uno de los ejercicios, como se sugiere, habrás notado que puedes obtener de la vida exactamente lo que deseas. Esto se logra al poner en la vida lo que deseas. Probablemente estarás de acuerdo con el estudiante que dijo: "El pensamiento es casi abrumador, tan vasto, tan disponible, tan definido, tan razonable y tan utilizable".

El fruto de este conocimiento, por así decirlo, es un regalo de los dioses. Es la "verdad" que libera a los hombres, no solo de toda carencia y limitación, sino también del dolor, los problemas y la preocupación. Es maravilloso darse cuenta de que esta ley no hace diferencias entre las personas. No importa cuál haya sido tu hábito de pensamiento, el camino ha sido preparado. Si tienes inclinación hacia lo religioso, el maestro religioso más grande que el mundo ha conocido dejó el camino tan claro que todos pueden seguirlo. Si tu inclinación mental es hacia la ciencia física, esta ley funcionará con certeza matemática. Si tu inclinación es más filosófica, Platón o Emerson pueden ser tus maestros. En cualquier caso, puedes alcanzar niveles de poder a los cuales es imposible asignar límites.

Creo que la comprensión de este principio es el secreto que los antiguos alquimistas buscaron en vano. Explica cómo el oro en la mente puede ser transmutado en oro en el corazón y en la mano.

LECCIÓN 24

LECCIÓN FINAL

1. Cuando los científicos pusieron por primera vez al Sol en el centro del Sistema Solar y a la Tierra girando a su alrededor, causó una gran sorpresa y consternación. La idea en sí parecía evidentemente falsa; nada parecía más cierto que el movimiento del Sol a través del cielo, ya que cualquiera podía observarlo descender detrás de las colinas occidentales y sumergirse en el mar. Los eruditos se indignaron, y los científicos desestimaron esta idea como absurda. Sin embargo, con el tiempo, la evidencia finalmente condujo a la aceptación universal.

2. A menudo hablamos de una campana como "un cuerpo que produce sonido". No obstante, sabemos que lo único que hacen las campanas es generar vibraciones en el aire. Cuando estas vibraciones alcanzan una frecuencia de dieciséis por segundo, producen un sonido que percibimos en nuestra mente. También es posible que nuestra mente registre frecuencias de hasta 38.000 vibraciones por segundo. Más allá de este punto, todo vuelve a ser silencio. Así que, en realidad, el sonido no reside en la campana, sino en nuestra propia mente.

3. A menudo nos referimos al Sol como si estuviese "emitiendo luz", pero en realidad, solo está liberando energía que crea vibraciones en el éter a una frecuencia de cuatrocientos trillones por segundo, lo que da lugar a lo que llamamos ondas de luz. Por lo tanto, lo que denominamos luz es simplemente una forma de energía, y la única luz que existe es la sensación que experimentamos en nuestra mente debido al movimiento de estas ondas. A medida que aumenta el número de vibraciones, el color de la luz cambia. Cada cambio de color está asociado con vibraciones más cortas y rápidas. Por lo tanto, aunque hablamos

de la rosa como "roja", la hierba como "verde" o el cielo como "azul", somos conscientes de que los colores solo existen en nuestra mente y son las sensaciones que experimentamos como resultado de las vibraciones de las ondas de luz. Cuando las vibraciones caen por debajo de los cuatrocientos trillones por segundo, ya no las percibimos como luz, sino como calor. De esta manera, se hace evidente que no podemos depender de la evidencia de nuestros sentidos para comprender la realidad de las cosas. Si lo hiciéramos, tendríamos que creer que el Sol se mueve, que la Tierra es plana en lugar de redonda y que las estrellas son pequeñas luces en lugar de inmensos soles.

4. En última instancia, toda la teoría y la práctica de cualquier sistema de metafísica se centra en comprender la verdad acerca de uno mismo y del mundo que nos rodea. Debemos entender que, para manifestar armonía, debemos pensar en armonía; para expresar salud, debemos pensar en salud; y para lograr abundancia, debemos pensar en abundancia. Para lograr esto, es necesario invertir nuestra interpretación de la evidencia proporcionada por nuestros sentidos.

5. Cuando te des cuenta de que todas las formas de malestar, enfermedad, carencia y limitación son simplemente el resultado de pensamientos erróneos, habrás llegado a conocer "La verdad que te hará libre". Verás cómo las montañas pueden ser removidas. Estas montañas consisten solamente en duda, miedo, desconfianza u otras formas de desaliento. No solo necesitan ser removidas, sino que deben "ser arrojadas al mar".

6. Tu verdadero trabajo consiste en convencerte a ti mismo de la verdad de estas declaraciones. Cuando hayas logrado hacerlo, no tendrás dificultades para pensar la verdad, y como se ha

LECCIÓN 24

demostrado, la verdad contiene un principio vital que se manifestará por sí mismo.

7. Aquellos que practican la curación mediante métodos mentales han llegado a comprender esta verdad. La demuestran en sus propias vidas y en las vidas de otros todos los días. Saben que la vida, la salud y la abundancia son omnipresentes, llenando todo el espacio, y comprenden que quienes permiten que la enfermedad o la carencia de cualquier tipo se manifieste aún no han alcanzado una comprensión plena de esta gran ley.

8. Dado que todas las condiciones son creaciones del pensamiento y, por lo tanto, fundamentalmente mentales, la enfermedad y la carencia son simplemente estados mentales en los cuales la persona no logra percibir la verdad. Sin embargo, tan pronto como el error es eliminado, la condición desaparece.

9. El método para eliminar este error es entrar en el silencio y conocer la Verdad. Dado que toda mente es una, puedes hacer esto tanto para ti mismo como para cualquier otra persona. Si has aprendido a formar imágenes mentales de las condiciones deseadas, esta será la manera más sencilla y rápida de obtener resultados. Si no es así, los resultados pueden lograrse mediante el razonamiento, convenciéndote a ti mismo de manera absoluta de la veracidad de tu declaración.

10. Recuerda, y esta es una de las declaraciones más difíciles, pero también más asombrosas de comprender: No importa cuál sea la dificultad, dónde se encuentre o a quién afecte, tú no tienes ningún paciente excepto tú mismo. Tu única tarea es convencerte a ti mismo de la verdad que deseas ver manifestada.

11. Esta es una declaración científica exacta, de acuerdo con todos los sistemas de metafísica existentes, y no se puede lograr ningún resultado permanente de ninguna otra manera.

12. Cualquier forma de concentración, la creación de imágenes mentales, el razonamiento y la autosugestión son simplemente métodos mediante los cuales puedes reconocer la Verdad.

13. Si deseas ayudar a alguien, eliminar cualquier forma de carencia, limitación o error, el método correcto no es pensar en la persona a la que deseas ayudar. La intención de ayudar es suficiente, ya que esto te conecta mentalmente con la persona. Luego, libera tu propia mente de cualquier creencia en carencia, limitación, enfermedad, peligro, dificultad o cualquier problema. Una vez que hayas logrado esto, el resultado se habrá alcanzado y la persona será liberada.

14. Sin embargo, recuerda que el pensamiento es creativo. Por lo tanto, cada vez que permites que tu pensamiento se enfoque en alguna condición inarmónica, debes comprender que dichas condiciones son solo apariencias y carecen de realidad. El espíritu es la única realidad y nunca puede ser menos que perfecto.

15. Cada pensamiento es una forma de energía, una frecuencia de vibración. Pero un pensamiento de la Verdad es la frecuencia de vibración más elevada conocida y destruye todo error de la misma manera que la luz destruye la oscuridad. Ninguna forma de error puede existir cuando aparece la "Verdad". Por lo tanto, tu trabajo mental consiste en llegar a un reconocimiento de la verdad. Esto te permitirá superar cualquier forma de carencia, limitación o enfermedad.

16. No podemos alcanzar el reconocimiento de la verdad a través del mundo externo, ya que el mundo externo es relativo, mientras que la Verdad es absoluta. Por lo tanto, debemos buscarla en nuestro "Mundo Interno".

17. Entrenar la mente para percibir únicamente la verdad es expresar solo condiciones verdaderas. Nuestra habilidad para lograr esto es un indicador del progreso que estamos realizando.

18. La verdad absoluta es que el "Yo" es perfecto y completo; el "Yo Real" es espiritual y nunca puede ser menos que perfecto. No puede tener carencias, limitaciones ni enfermedades. El destello del genio no tiene su origen en las actividades moleculares del cerebro, sino que es inspirado por el "Yo" espiritual, que está en unión con la Mente Universal. Nuestra capacidad para reconocer esta unidad es la causa de toda inspiración y genialidad. Estos logros tienen un impacto significativo en las generaciones futuras y son como pilares de fuego que señalan el camino que seguirán millones.

19. La verdad no es el resultado del entrenamiento lógico, la experimentación o la observación. Es el fruto de una conciencia desarrollada. La verdad dentro de un Cesar se manifiesta en la conducta de un Cesar, en su vida y su acción; su influencia sobre las formas sociales y el progreso. Tu vida, tus acciones y tu influencia en el mundo dependerán del grado de verdad que seas capaz de percibir. La verdad no se manifiesta a través de credos, sino a través de la conducta.

20. La verdad se refleja en el carácter de una persona, y el carácter de un individuo debe ser la expresión de su religión o de

lo que considera como la Verdad. A su vez, esto se verá reflejado en la calidad de sus posesiones. Si alguien se queja de su fortuna, es tan injusto consigo mismo como si negara la verdad racional, que es paciente e irrefutable.

21. Nuestro entorno y las múltiples circunstancias e incidentes de nuestras vidas ya existen en la personalidad subconsciente, que atrae hacia sí misma el material mental y físico que es compatible con su naturaleza. Por lo tanto, nuestro futuro está siendo determinado por nuestro presente. Si percibimos alguna aparente injusticia en alguna característica o etapa de nuestra vida personal, debemos buscar la causa en nuestro interior y tratar de descubrir el pensamiento o creencia mental que es responsable de la manifestación externa.

22. Esta es la verdad que te hará "libre", y es el conocimiento consciente de esta verdad lo que te permitirá superar cada dificultad.

23. Las condiciones que experimentas en el mundo externo son invariablemente el resultado de las condiciones que prevalecen en el mundo interno. Por lo tanto, con una precisión científica, podemos concluir que al mantener en la mente el ideal perfecto, puedes atraer condiciones ideales a tu entorno.

24. Si solamente ves lo incompleto, lo imperfecto, lo relativo, lo limitado, estas condiciones se manifestarán en tu vida. Sin embargo, si entrenas tu mente para ver y reconocer tu ego espiritual, el "Yo" que es eternamente perfecto, completo, armonioso y saludable, solo se manifestarán condiciones de bienestar.

25. Dado que el pensamiento es creativo y la Verdad es el pensamiento más elevado y perfecto que alguien puede concebir, es evidente que pensar en la Verdad es crear aquello que es Verdadero. También es claro que cuando la verdad emerge, lo falso desaparece.

26. La Mente Universal es la totalidad de toda la mente que existe. El espíritu es mente, ya que el espíritu es inteligente; por lo tanto, estas palabras son intercambiables.

27. La dificultad que debes superar es comprender que la mente no es individual; es omnipresente, existe en todas partes. En otras palabras, no hay ningún lugar donde no esté presente; es Universal.

28. Hasta ahora, las personas han utilizado la palabra "Dios" generalmente para referirse a este principio creativo universal, pero la palabra "Dios" no comunica el significado correcto. La mayoría de las personas entiende que esta palabra se refiere a algo fuera de sí mismas, cuando en realidad es exactamente lo contrario, Dios es nuestra propia vida; sin Dios, estaríamos muertos y dejaríamos de existir. El espíritu es, en realidad, todo lo que somos.

29. Ahora, la única actividad que el espíritu posee es el poder de pensar. Por lo tanto, el pensamiento debe ser creativo, ya que el espíritu es creativo. Este poder creativo es impersonal, y tu capacidad de pensar es tu capacidad de controlarlo y utilizarlo en tu propio beneficio y en el de los demás.

30. Cuando comprendas, aceptes y aprecies la verdad de esta afirmación, habrás adquirido la Llave Maestra. Sin embargo, ten

en cuenta que solo aquellos que son lo suficientemente sabios para comprender, lo suficientemente abiertos para considerar la evidencia, lo suficientemente firmes para confiar en su propio juicio y lo suficientemente fuertes para hacer los sacrificios necesarios pueden entrar y participar en este conocimiento.

31. Esta semana, intenta reconocer que vivimos en un mundo verdaderamente maravilloso y que tú eres un ser extraordinario. Muchos están despertando al conocimiento de la Verdad, y tan pronto como lo hagan y alcencen la comprensión de "las cosas que han sido preparadas para ellos", también entenderán que "ningún ojo ha visto, ningún oído ha escuchado, ninguna mente humana ha concebido lo que Dios ha preparado para quienes lo aman". Han cruzado el río del juicio y han llegado al punto de distinción entre lo verdadero y lo falso, y han descubierto que todo lo que alguna vez desearon o soñaron era solo un débil reflejo de la deslumbrante realidad.

> Si bien se pueden heredar tierras y propiedades, el conocimiento y la sabiduría no se pueden heredar. Un hombre rico puede pagar a otros para que realicen tareas por él, pero es imposible hacer que piensen por él o comprar de otro cualquier clase de autocultura.
>
> —S. Smiles

LECCIÓN 24

PREGUNTAS Y RESPUESTAS

¿Sobre qué principio depende la teoría y la práctica de todo sistema de metafísica existente?
Depende de un conocimiento de la "Verdad" referente a ti y al mundo en el que vives.

¿Cuál es la "Verdad" referente a ti mismo?
El verdadero "Yo" es espiritual y, por lo tanto, nunca puede ser menos que perfecto.

¿Cuál es el método para destruir cualquier forma de error?
Convencerse absolutamente a sí mismo de la "Verdad" respecto a la condición que deseas ver manifestada.

¿Podemos hacer esto para otros?
Sí, la Mente Universal en la cual "vivimos, nos movemos y tenemos nuestro ser" es una e indivisible, por lo tanto, es posible ayudar a otros de la misma manera que a nosotros mismos.

¿Qué es la Mente Universal?
La Mente Universal es la totalidad de toda mente en existencia.
☐

¿Dónde está la Mente Universal?
La Mente Universal es omnipresente, existe en todas partes. No hay lugar donde no esté. Está dentro de nosotros. Es "el mundo interior". Es nuestro espíritu, nuestra vida.

¿Cuál es la naturaleza de la Mente Universal?
Es espiritual y, consecuentemente, creativa. Busca expresarse a sí misma en forma.

¿Cómo podemos actuar en la Mente Universal?

Nuestra capacidad de pensar es nuestra capacidad de actuar en la Mente Universal y traerla a manifestación para beneficio nuestro o de otros.

¿Qué se entiende por pensar?

Pensamiento claro, decidido, calmado, deliberado y sostenido con un fin definido a la vista.

¿Cuál será el resultado?

Tú también podrás decir, "no soy yo quien hace las obras, sino el Padre que habita dentro de mí, él hace el trabajo". Tú sabrás que el "Padre" es la Mente Universal y que realmente y verdaderamente habita dentro de ti. En otras palabras, sabrás que las maravillosas promesas hechas en la biblia son un hecho, no ficción, y pueden ser demostradas por cualquiera que tenga suficiente entendimiento.

> Los templos poseen sus imágenes sagradas y es evidente que han ejercido una influencia duradera en gran parte de la humanidad. Sin embargo, en realidad, son las ideas y las imágenes que residen en la mente de los seres humanos los poderes invisibles que constantemente los gobiernan. Universalmente, todos se someten constantemente a estos poderes.
>
> —Jonathan Edwards.

Sabiduría de Ayer, para los Tiempos de Hoy

www.**wisdom**collection.com

www.ingramcontent.com/pod-product-compliance
Lightning Source LLC
LaVergne TN
LVHW041607070426
835507LV00008B/167